D1344080

08412

WITHDRAWN

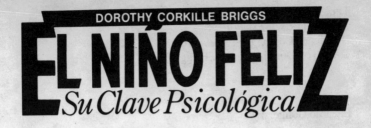

DOROTHY CORKILLE BRIGGS

EL NIÑO FELIZ
Su Clave Psicológica

NORTH LEAMINGTON
SCHOOL
LIBRARY

Class No. ....840......

Date ...20 : 10 : 21...

gedisa
editorial

Título del original en inglés:
Your Child's Self-Esteern
Doubleday Comp., Inc., Nueva York
© 1970 by Dorothy Corkille Briggs

Asesoramiento y revisión:
Eduardo Goligorsky

Traducción: Oscar Muslera

Diseño de cubierta: Carlos Rolando y Asociados

17.ª edición, febrero de 1998 (Barcelona)

Derechos reservados para todas las ediciones en castellano

© by Editorial Gedisa, S.A.
Muntaner, 460, entlo., 1.ª
Tel. 201 60 00
08006 - Barcelona, España
e-mail: gedisa@gedisa.com
*http://*www.gedisa.com

ISBN: 84-7432-001-1
Depósito legal: B-9.037/1998

Impreso en Romanyà Valls
c/ Verdaguer, 1 - Capellades

Impreso en España
Printed in Spain

Queda prohibida la reproducción total o parcial por cualquier medio de impresión, en forma idéntica, extractada o modificada, en castellano o cualquier otro idioma.

Indice

DEDICADO A LA MEMORIA
de mi padre, el Coronel John. D. Corkille,
y
de mi madre, Helen Young Corkille,
POR LO MUCHO QUE LES DEBO.

El hombre quiere ser confirmado en su ser
por el hombre, y desea la presencia
del ser del otro... secreta y
turbadamente espera un SI que
le permita ser y que puede llegar
a él sólo de persona a persona

Martin Buber

AGRADECIMIENTOS

Si el lector encuentra algún valor en la lectura de este libro, este valor no proviene sólo de mí, sino también de mi interacción con todas las personas y experiencias que hallé en la vida.

Me siento particularmente agradecida a:

Edward Bordin, Duane Bowen, Max Levin y Lois Southard, por sus inspiradoras enseñanzas;

Thomas Gordon, cuyas sobresalientes lecciones aclararon mi pensamiento en torno del hecho de que la ira es un subproducto, de la vital distinción entre los mensajes destinados al "Yo" y los destinados al "Tú", del manejo del poder y de los mecanismos de la democracia hogareña;

Frank Barron, S.I. Hayakawa, Abraham Maslow y Carl Rogers, por sus tareas y conceptos, que despertaron mi curiosidad profesional;

Tom Johnston y Sam Warren, por una década de apoyo, mientras yo trabajaba con grupos de progenitores;

innumerables niños y adultos, por haber permitido que yo compartiese algunas porciones de sus mundos privados, gracias a lo cual me fue posible concentrar el enfoque de los conceptos que expongo en esta obra. Su aporte me habilitó para escribir desde una posición de experiencia personal profunda, en vez de tener que hacerlo apoyada sólo en la teoría;

Myrtle Spencer, por la tarea de afirmación, de inspiración y de "madre substituta" que llevó a cabo cuando mi manuscrito atravesaba sus etapas embrionarias;

Charlotte Himber, por su apoyo muy especial en momentos cruciales de mi proyecto de libro;

Tom Larson, Mary y Norman Lewis, Nancy Lichina, Judy Miller, Betty Riley, Sylvia W. Rosen, Jean Schrimmer, Barbara Spaulding y Elsa van Bergen, de la editorial Doubleday and Company Inc., de Nueva York, por sus actitudes personales, su asistencia editorial y su apoyo moral durante la realización de este proyecto;

Mary Baker, Karen Brown, Dorothy McAuliffe y Mary Starley, por su aporte al mecanografiado del original;

Laurie y Kerrie Sue, por lo mucho que me enseñaron acerca de la naturaleza humana, y por haber asumido otras tareas mías, activamente y en incontables ocasiones, con el fin de que yo quedase en libertad para escribir.

A todos ellos, mi sincero reconocimiento.

DOROTHY CORKILLE BRIGGS
Península de Palos Verdes
California

UNA OMISION
DE NUESTRA CULTURA

Hace ya muchos años que los psicólogos se concentran en el estudio y la curación de las enfermedades mentales. Sin embargo, la difusión de los trastornos psicológicos es tan extensa, que no alcanzan los profesionales disponibles para atender a todos los afectados. Una investigación llevada a cabo sobre 175.000 habitantes de la ciudad de Nueva York demostró que sólo el 18,5 por ciento de aquellos individuos se hallaba exento de síntomas de enfermedad mental. El número de los que marchan por la vida tambaleándose bajo el peso de sus conflictos internos y derrochando sus posibilidades potenciales en defensas malsanas asume, pues, proporciones de epidemia. Los episodios neuróticos se han transformado en una manera de vivir.

Este alarmante fenómeno es un indicio acusador contra una desafortunada omisión de nuestra cultura: nosotros, los padres, no estamos entrenados debidamente para llevar a cabo la tarea que nos toca. Pero el hecho es que, mientras se invierten sumas inmensas en la enseñanza de conocimientos teóricos y profesionales, el arte del progenitor capaz de formar a sus hijos queda librado al azar, o a unas pocas lecciones sueltas. Y eso pese a que, paradójicamente, sostenemos que los niños constituyen nuestro recurso nacional más importante.

Por otra parte, cuando se trata de vigilar el desarrollo físico e intelectual de nuestros hijos, nos remitimos sin limitaciones a los servicios profesionales de médicos y educadores; en cambio, para la orientación de los niños hacia la salud emocional confiamos casi por completo en nuestras propias fuerzas. Hasta cuando existen síntomas inequívocos de que algo funciona mal, muchos padres sienten la consulta con el psiquiatra como una confesión de fracaso, y sólo la utilizan como recurso extremo.

Entre las pautas que empleamos para evaluar a los niños y la forma en que olvidamos dar a los padres entrenamiento específico para su trabajo existe una discrepancia que, según parece, se funda en el supuesto de que todo ser humano ha de saber cómo se cría a un niño. En los hechos, en cambio, el ser padres no nos dota ni con los conocimientos ni con la habilidad que se necesitan para formar jóvenes confiados en sí mismos, emocionalmente estables, y capaces de vivir como personas que funcionan plenamente y desarrollan existencias significativas. En suma, debemos llegar a la conclusión de que no prestamos a la prevención de la enfermedad la atención que merece por ser nuestra más válida esperanza de hacer que desciendan los elevados índices de difusión que alcanzan los desórdenes emocionales.

La mayoría de nosotros hace todo lo que puede; muchas veces, por desgracia, eso no significa otra cosa que dar vueltas y vueltas sobre las mismas equivocaciones. Por otra parte, tanto nosotros como nuestros hijos tenemos que vivir con el producto de nuestros errores involuntarios, errores estos que tenderán a transmitirse a las generaciones futuras. Así, pues, todos sufrimos en alguna medida las consecuencias de aquella omisión de nuestra cultura.

En la búsqueda de líneas de orientación, muchos padres recurrimos a la abundante bibliografía disponible acerca de la crianza de los niños. Pero allí, las materias que nos interesan se encaran como temas separados, aislados entre sí. Esos libros no presentan una estructura básica coherente —la autoestima del niño— sobre la cual podamos apoyar cada elemento importante de nuestra vida en común con nuestros hijos.

La presente obra se concibió justamente sobre una estructura de esa clase. Ofrece así una nueva manera de considerar el desarrollo del niño, en virtud de la cual todo crecimiento y todo comportamiento se observan ante el telón de fondo compuesto por la búsqueda de identidad y autorrespeto que dicho niño lleva a cabo. Aquí se expone específicamente cómo inducir en nuestros hijos la formación de un sólido sentido del propio valor, que los habilitará para alcanzar la felicidad personal en todos los órdenes de la vida. Es necesario tener en cuenta que, a menos que comprendamos por completo la naturaleza del material humano y trabajemos con él, nos moveremos a ciegas y acaso tengamos que pagar por ello un alto precio.

Nuestro libro se debe a que veinticinco años de trabajo en psicología y educación, junto con su propia experiencia de madre, dieron a su autora la firme convicción de que la tarea del progenitor es demasiado importante para que se la deje librada a la imaginación y a la intuición. La conciencia plena de los hechos relacionados con dicha tarea puede servir para que evaluemos y distribuyamos debidamente las responsabilidades en torno de aquellos que se encuentran a nuestro cuidado, para que adquiramos confianza en nosotros mismos como padres, y para que hallemos caminos hacia nuestro propio desarrollo personal.

A lo largo de los años, muchos de los progenitores que asistieron a clases de la autora expresaron haber observado cambios alentadores en sí mismos y en sus hijos, tras aplicar algunas de las ideas que exponemos en el presente volumen. He aquí algunas citas textuales de tales expresiones:

Esta manera de ver el crecimiento de los niños me dio un nuevo tipo de confianza en mí misma. Ahora me siento una persona más libre, no tan temerosa de las responsabilidades de los padres.

Toda nuestra familia está ahora más unida, y existen entre nosotros muchos menos conflictos. A medida que mi actitud iba cambiando, todo se fue haciendo más suave en nuestra casa.

Me siento más tranquila y paciente; hasta mi esposo lo ha notado.

Aprendí a vernos a mí misma y a mis hijos bajo una nueva luz; ahora me siento mucho más comprensiva. Además, esto sirvió, indirectamente, para que mi marido y yo nos acercásemos más el uno al otro.

¡He aprendido a vivir con mis hijos, en lugar de hacerlo pese a ellos!

En mi carácter de padre, me parecía ridículo tomar lecciones acerca de cómo criar niños. Por entonces, no comprendía mi ceguera. Hoy se ha abierto un nuevo mundo ante mis ojos. Sólo lamento no haber sabido todo esto antes de tener hijos

Estas declaraciones son, sin duda, pruebas poderosas de la utilidad del concepto que nos guía. El saber lo que hacemos y el disponer de una estructura básica que nos oriente son elementos que bien pueden servirnos para vivir con nuestros hijos de manera que los haga emocionalmente sanos. Con estos elementos, no tendremos dudas acerca de que ellos pisan sobre suelo firme.

El hecho de que usted, lector, tenga este libro entre las manos habla del cuidado que pone usted en su hijo y en sus relaciones con él. También insinúa que desea usted que se materialice su esperanza de que él llegue a ser una persona de funcionamiento pleno. Ese cuidado suyo, junto con su interés por la búsqueda de ideas nuevas, lo pone a usted, y también a su hijo, en el camino del crecimiento positivo.

1

BASES
DE LA SALUD MENTAL

Sueños y realidades

Sin duda, todos tuvimos muchas ideas acerca de cómo trataríamos a nuestros hijos, mucho antes de que estos vinieran al mundo. Detrás de todas esas ideas estuvo siempre la dedicación: estábamos decididos a que la tarea fuese bien hecha. La mayoría de las personas toman muy en serio la condición de padres: se juegan a ello por entero, en el sentido literal de la expresión. Después, la realidad comienza a descargar golpes contra todos los planes concebidos de antemano, y lo que al principio pareció cosa simple se transforma en algo mucho más complejo.

Si bien ocupan poco espacio, los niños suscitan en nosotros emociones muy amplias y profundas. La alegría, la seguridad, el deleite, se mezclan en torno de ellos con la preocupación, la culpa y la duda. La fatiga y la frustración también se hacen presentes en buena medida. Un día tenemos que arrostrar la haraganería y el desorden, y emitir a torrentes la palabra "no"; al día siguiente llegarán los abrazos y las cháchara amorosas, y vaya uno a encontrar el teléfono desocupado. Problemas, siempre nuevos, que cambian pero nunca acaban. Y no hay forma de dar marcha atrás.

De todos modos, nos esforzamos por hacer lo mejor de que seamos capaces. Así, invertimos grandes cantidades de cuidado, tiempo, energía y dinero. No ahorramos esfuerzos: lo mejor en comidas y ropas, los juguetes más atractivos, la atención médica más adecuada y el continuar constantemente a su disposición, para que nuestros hijos disfruten de todas las ventajas posibles. Hay quienes llegan a renunciar a la satisfacción de algunas de sus necesidades elementales para tener con qué dar a sus niños la mejor educación y la mejor asistencia médica.

No obstante, y pese a las buenas intenciones y a los esfuerzos sinceros, abundan los jovencitos que decepcionan a sus padres. Se atrasan en los estudios, se manifiestan emocionalmente inmaduros, se rebelan o se retraen indebidamente. O frecuentan el trato con otros muchachos que no andan tras nada bueno. "¿Cómo puede ser que *mi* hijo tenga problemas, con lo mucho que hice y me esforcé por él? "; esta pregunta tortura a muchos padres bien intencionados.

Por otra parte, tampoco pueden ser muy bajos los niveles de ansiedad de aquellos cuyos hijos no tropiezan con problemas serios, cuando todos sabemos en qué forma crecen a diario las tasas de delincuencia juvenil, adición a las drogas, deserción escolar, enfermedades venéreas y nacimientos ilegítimos. En estas circunstancias, no debe extrañar que una insistente intranquilidad se abra camino una y otra vez hasta nuestra conciencia, para hacer que nos preguntemos cómo mantener a nuestros muchachos alejados de esos caminos de desdicha. En los momentos cruciales, la incertidumbre nos susurra: "¿Estaré haciendo bien las cosas? " "¿Tendré que castigar, discutir o ignorar? " "¿Qué hacer ahora? " Y entonces, todas aquellas grandes ideas —aquellas firmes convicciones— se enturbian y desaparecen.

La realidad puede hacernos perder la confianza en nosotros mismos como padres. Con todo, seguiremos aferrados al sueño de lo que nuestros hijos podrían llegar a ser. ¿Cómo transformar ese sueño en realidad?

El ingrediente fundamental

Para la mayoría de los padres, las esperanzas en torno de los niños se fundan en algo más que el evitarles la postración nerviosa, el alcoholismo o la delincuencia. Lo que queremos para ellos es todo lo positivo de la vida: la confianza interna, el sentimiento de tener objeto y compromisos, las relaciones significativas y constructivas con los demás, el éxito en el estudio y en el trabajo. Por encima de todo, la felicidad. *Lo* que queremos es claro. Nuestras dudas se desarrollan casi siempre en torno de *cómo* ayudarles a alcanzar esas metas. Y en este sentido, los padres ansiamos disponer de una regla básica que nos guíe en cuanto a qué hacer y qué no hacer, especialmente en los momentos de tensión y desconcierto.

Hoy día, se ha acumulado ya experiencia suficiente para darnos precisamente una fórmula de ese tipo: el niño que posee *autoestima elevada* es el que más probabilidades tiene de triunfar. Más y más investigaciones demuestran que entre el niño (o el adulto) que funciona plenamente y la persona que marcha por la vida entre tropiezos existe una diferencia fundamental.

La diferencia reside en la actitud de uno y otro hacia sí mismo; en su grado de autoestima.

¿Qué es la autoestima? Es lo que cada persona siente por sí misma. Su juicio general acerca de sí mismo, la medida en que le agrada su propia persona en particular.

La autoestima elevada no consiste en un engreimiento ruidoso. Es, en cambio, un silencioso respeto por uno mismo, la sensación del propio valor. Cuando uno la siente en lo profundo de su ser, se alegra de ser quien es. El engreimiento no es más que una delgada capa que cubre la falta de autoestima. Aquel cuya autoestima es elevada no pierde el tiempo en impresionar a los demás: sabe que tiene valor.

El concepto que el niño tiene de sí mismo influye en la elección de sus amigos, en la forma en que se lleva con los demás, en la clase de persona con la que se ha de casar y en la medida de lo productivo que será en el futuro. Afecta su creatividad, su integridad y su estabilidad, y decide si ha de ser conductor o seguidor. Su sentimiento del propio valor constituye el núcleo de su personalidad, y determina la forma en que emplea sus aptitudes y habilidades. La actitud hacia sí mismo pesa en forma directa sobre la forma en que vivirá todas las etapas de su vida. De hecho, *la autoestima es el factor que decide el éxito o el fracaso de cada niño como ser humano.*

Así, pues, resultaría difícil exagerar la importancia de la autoestima para nuestros hijos. Todo padre que se preocupe por ellos debe ayudarlos a creer firme y sinceramente en sí mismos.

Dos necesidades básicas

El respeto sólido por uno mismo se funda en dos convicciones principales:

"Soy digno de que me amen"
("Importo y tengo valor porque existo")
y
"Soy valioso "
("Puedo manejarme a mí mismo y manejar
lo que me rodea, con eficiencia. Sé que tengo
algo que ofrecer a los demás ")

Aunque individualmente único como persona, todo niño tiene estas mismas necesidades psicológicas de sentirse valioso y digno de amor. Y esas necesidades no terminan con la infancia. Todos las tenemos, y nos acompañarán hasta la muerte. Su satisfacción es tan esencial para el bienestar emocional como el oxígeno para la supervivencia física. Al fin de cuentas, cada uno de nosotros es, para sí mismo, el "compañero de cuarto" de toda la vida. Por mucho que uno se esfuerce, la única persona cuyo contacto no puede eludir es *uno mismo*. Lo mismo les ocurre a nuestros hijos. Con nadie viven en tanta intimidad como consigo mismos, y tanto para su crecimiento óptimo como para que logren una vida significativa y gratificante, es de la máxima importancia el respeto por sí mismos.

Llegados a este punto, alguien podría aducir: "Esto no me concierne, porque yo amo a mi hijo y pienso que es valioso." Notemos, entonces, que la prescripción no habla de que "uno ame a su niño", sino de que "el niño se sienta amado". Y existe una enorme diferencia entre *ser* amado y *sentirse* amado.

Lamentablemente, son muchos los padres que están seguros de amar a sus hijos, al mismo tiempo que, por alguna razón, estos últimos no reciben el mensaje de ese amor. Tales padres no han sido capaces de comunicar sus sentimientos. En la Segunda Parte de este libro expondremos los siete elementos básicos que hacen que el niño sienta el amor; por ahora, importa comprender lo siguiente:

Lo que afecta el desarrollo del niño es *su*
sentimiento de ser amado o no.

Lo mismo que ocurre con el amor se aplica al hecho de que el niño se sienta valioso. Debemos saber *cómo* llega a destino el mensaje que le transmitimos en cuanto a que él es eficiente y tiene algo para ofrecer a los demás. De esa manera, también este sentimiento podrá transformarse en parte integrante de su imagen de sí mismo.

Ahora bien: ¿de dónde proviene esta autoestima que constituye el ingrediente decisivo de la salud mental? El estudio llevado a cabo por Stanley Coopersmith,[1] entre otros, indica que este factor no se relaciona ni con la fortuna familiar, ni con la educación, ni con la zona geográfica de residencia, ni con las clases sociales, ni con la ocupación del padre, ni con el hecho de que la madre esté siempre en casa. *Depende, en cambio de la calidad de las relaciones que existan entre el niño y aquellos que desempeñan papeles importantes en su vida.*

Todo niño normal nace con la potencialidad necesaria para alcanzar la salud mental. Pero el hecho de que esa potencialidad florezca se cumplirá o no, de acuerdo con el clima psicológico en que le toque vivir. Para saber si el clima que rodea a nuestros hijos los nutre o los marchita, debemos indagar y comprender:

1. en qué medida se induce la autoestima elevada;
2. en qué forma la visión de sí mismo por parte del niño afecta su comportamiento;
3. cuál es el precio que el niño paga por vivir con una autoestima baja;
4. qué podemos hacer para fomentar la autoestima elevada.

Estos temas constituyen la base de la Primera Parte de nuestro libro, titulada "El fenómeno de los espejos"

Una vez que hayamos comprendido el proceso por medio del cual se llega a la autoestima, tendremos que adquirir conciencia de los factores específicos que permiten al niño llegar a la conclusión de que él es digno de que lo amen. El material correspondiente se expone en nuestra Segunda Parte, "El clima del amor".

En las restantes secciones consideramos:

1. Coopersmith, Stanley: *The Antecedents of Self-Esteem,* San Francisco, W. H. Freeman and Company, 1967.

1. la influencia de los sentimientos sobre la autoestima, junto con las maneras positivas de manejar tales sentimientos;
2. los efectos de la autoestima sobre la inteligencia y la creatividad, junto con la manera de fomentar el desarrollo mental;
3. la influencia de la educación sexual sobre la autoestima.

Al comprender qué es lo que hace funcionar a nuestros hijos, dispondremos de un medio que nos permitirá evaluar el clima que les proporcionamos. Así podremos detectar las porciones de ese clima que se deben cambiar. Y, lo que es más importante, así nos ahorraremos también, en gran medida, las consecuencias que para nosotros y nuestros hijos podría tener el realizar a tientas nuestra labor de progenitores.

Muchas investigaciones recientes indican que las buenas intenciones de los padres para con sus hijos tienen más probabilidades de convertirse en realidad cuando los primeros dan a los segundos una vida en la que estos se sienten contentos de ser quienes son. Ya no podemos ignorar ni dejar librado al azar algo que sabemos que es la característica más importante de todo joven: su grado de respeto por sí mismo.

La clave del éxito de los padres reside en ayudar a los niños a desarrollar altos niveles de autoestima.

I
EL FENOMENO
DE LOS ESPEJOS

2

LOS ESPEJOS CREAN
NUESTRAS PROPIAS
IMAGENES

Las conclusiones que obtenemos de los espejos

¿Alguna vez se imaginó usted a sí mismo como espejo? Pues sepa que lo es: un espejo psicológico que su hijo emplea para construir su propia identidad. Y sepa también que toda la vida de él ha de resultar afectada por las conclusiones que obtenga de la observación implícita.

Los niños nacen sin sentido del yo. Cada uno de nosotros debe *aprender* a ser humano, en el sentido que usted y yo asignamos a esa palabra. En ocasiones, se han hallado niños que lograron sobrevivir en completa aislación respecto de otras personas. Carente de lenguaje, de conciencia, de necesidad de los demás y de sentido de la identidad, el "niño lobo" es humano sólo en apariencia. El estudio de semejantes casos nos enseña que la personalidad consciente no es instintiva. Se trata, en cambio, de una realización social, que aprendemos de la vida en contacto con los demás.

El descubrimiento de uno mismo

Imaginemos a un niño típico, y veamos de qué manera forja su imagen de sí mismo.

27

Rojo y arrugado, Pedrito acaba de nacer. Sus orgullosos padres comunican a todas sus relaciones la llegada de un individuo distinto y nuevo: su hijo. Pero nadie informa a Pedrito de su propia llegada. De todos modos, él no comprendería el mensaje en estos momentos. Tras haber sido uno con su madre y el ambiente del claustro materno durante nueve meses, no sabe dónde termina él y dónde empieza el resto del mundo. No sabe que él es una persona.

Comienza así a recibir nuevas sensaciones que excitan su curiosidad: tocar, ser tocado, padecer el hambre, oir, ver objetos borrosos. Aunque cuenta con medios muy primitivos, comienza con ellos a explorar su extraño mundo nuevo. Cuando Pedrito se toca los pies, obtiene sensaciones en ellos y en los dedos de sus manos. En cambio, cuando toca su osito, la sensación se produce sólo en sus dedos. A medida que el día pasa, comienza a darse cuenta de que sus pies son parte de él mismo, mientras que el osito no lo es.

Al mismo tiempo, nota que las personas son distintas de las cosas. Las primeras van y vienen, hacen ruidos y lo ayudan a sentirse más cómodo. Un día advierte la diferencia que existe entre meter un bizcocho en la boca de su madre y meterlo en su propia boca. Comienza entonces a sentir que él y ella son diferentes, aunque en esta etapa todavía se considera una extensión de su madre, acaso a la manera de la cola de un perro.

Al madurar su cerebro, Pedrito aprende a hablar. El lenguaje es la herramienta que finalmente le permite sentirse separado por completo; un elemento esencial para la adquisición de la conciencia de sí mismo. Veamos cómo ocurre tal cosa.

Mediante la imitación, Pedrito descubre que ciertos sonidos corresponden a determinados objetos. Pronto advierte que, además, los objetos se pueden rotular cualitativamente. Aprende, por ejemplo, "fuego caliente", "nene lastimado", "papá grande".

Por último, también aprende su propio nombre. Desde este momento, dispone de un *símbolo* que le permite pensar en *sí mismo separado de los demás*. Este logro constituye un enorme paso adelante. Lo habilita para asociar cualidades consigo mismo, de la misma manera en que antes lo hacía sólo con las cosas. Ahora puede decir "Pedrito caliente", o "Pedrito lastimado", o "Pedrito grande"; hablar de sí mismo, describirse y juzgarse. También puede pensar en sí mismo en comparación con otros ("Yo más grande que Tito"), y en términos de tiempo ("Pedrito se va pronto").

Entre los quince y los dieciocho meses de edad, Pedrito concebirá la sospecha de ser un individuo separado de los demás, pero tal concepto seguirá siendo borroso para él hasta los dos años o dos años y medio, época en que recibirá el impacto de la conciencia plena del fenómeno. Antes que eso, sin embargo, el conocimiento de su nombre le brindará una especie de marco, dentro del cual podrá ubicar diversos rótulos descriptivos. Todo niño construye su propia imagen de sí mismo, primero mediante los sentidos, y luego mediante el lenguaje.

Mensajes sin palabras

Importa, sin embargo, destacar el hecho de que, mucho antes de entender el significado de las palabras, Pedrito habrá reunido impresiones generales acerca de sí mismo (y del mundo), a través de la forma en que los demás lo traten. El es sensible al hecho de que lo levanten en brazos tiernamente o lo sacudan como si fuera una bolsa de papas; sabe si los brazos que lo rodean se encuentran en proximidad cálida o si sólo le brindan apoyo vago y sin interés. Advierte cuándo se respeta su apetito, y cuándo se lo ignora. El tacto, los movimientos corporales, las tensiones musculares, los tonos de voz y las expresiones faciales de quienes lo rodean envían a Pedrito una corriente ininterrumpida de mensajes. Y su "radar" es sorprendentemente preciso. (Por cierto que algunos niños suelen ser mucho más sensibles que otros, pero todos captan esta clase de mensajes.)

Los niños se mantienen particularmente atentos a los estados emocionales de sus madres. Cuando la madre de Pedrito está apurada o tensa, él se muestra exigente y poco dispuesto a colaborar en el cambio de pañales y en la comida. Cuando ella, en cambio, se siente tranquila y dispone de tiempo para hacerse cargo de cualquier travesura, él se pone pacífico y apacible como un cordero. ¿Conspiración? No; todo lo que el bebé hace es responder al lenguaje corporal, que le informa si el tiempo psicológico es bueno o tormentoso.

Imaginemos ahora que damos a Pedrito dos madres diferentes, y veremos en qué medida las primeras impresiones que tendrá de sí mismo dependerán de la *calidad* de los mensajes corporales de ellas.

29

Cuando la madre A baña a Pedrito, se concentra más en el niño mismo que en la realización de la tarea. Sus músculos se encuentran relajados, su tono de voz es juguetón y suave, hay una luz bondadosa en sus ojos. Ella observa los rollitos de grasa del bebé, los hoyuelos de los deditos de sus pies. Se deleita ante las reacciones de él cuando se le echa agua sobre el vientre. Cuando él gorjea, ella le responde. Cuando él chapalea con el puño en el agua, observa la reacción de ella, que se ríe y se agrega al juego. Aquí no se pronuncian palabras, pero los dos se están comunicando. Pedrito *palpa* y *ve* cómo su madre le corresponde. Todavía no sabe que está separado de ella, pero recibe experiencias tempranas de que lo valoran.

La madre B siempre aprovecha para leer los momentos en que Pedrito toma su biberón. Lo sostiene flojamente y con indiferencia. Cuando él se mueve, los brazos de ella no responden al movimiento. Si él se toma de la blusa de B, ella le desprende los dedos sin siquiera mirarlo. Pedrito y su madre no comparten la experiencia. De hecho, aquí no se produce en modo alguno un contacto humano, directo, de persona a persona. Ahora mismo, la madre de Pedrito es para él todo su mundo, y sus primeras experiencias le enseñan que no merece atención. Para él, el mundo es un lugar bastante frío, en el que él mismo posee escasa importancia. Es fácil advertir que con sólo que le toque en suerte la madre A o la madre B, Pedrito desarrollará un conjunto bastante distinto de impresiones tempranas acerca de sí mismo.

Algunos experimentos con niños parecen indicar que *el grado de correspondencia cálida* que brindemos a la criatura habrá de constituir los cimientos de la visión positiva de sí misma que dicha criatura tenga en el futuro. Esta correspondencia está compuesta por los tipos de atención, sonrisas, abrazos, canciones y conversaciones que demos a los niños (véase el Capítulo Quinto). Los padres que juegan con sus hijos pueden hacerlo de manera que refleje cálido respeto y deleite. Esos reflejos ponen al bebé en el camino hacia la autoestima elevada. Los padres que, por lo contrario, nunca juegan con su hijo, o bien lo cuidan con eficiencia fría y carente de correspondencia, no le transmiten impresiones precoces de la importancia que él tiene para ellos. Y no es muy alegre advertir que en torno de uno sólo hay indiferencia o rechazo.

Antes de ponernos ansiosos por las veces en que, hasta hoy, nos hemos mostrado enojados, distantes o tensos ante nuestros niños, convendrá que tengamos en cuenta que los mensajes únicos o poco frecuentes no causan daños irreversibles. Lo que cuenta es la cantidad de los mensajes de amor o de falta de interés que emitamos, así como su intensidad. Si los momentos de placer son más que los otros, el bebé recibe ese mensaje.

Así, pues, antes de aprender el significado de las palabras todo niño reúne activamente miles y miles de impresiones acerca de sí mismo, impresiones estas que le llegan del lenguaje corporal de quienes lo rodean. Para el niño, recién más adelante adquieren estas impresiones forma concreta de enunciados definidos acerca de sí mismo como persona. Pero este hecho no disminuye en nada la importancia de las mencionadas impresiones, puesto que los mensajes posteriores se apoyarán en ellas, y eso las transforma en elementos capaces de almacenar fuerzas tremendas.

Los mensajes hablados

Cuando el niño comienza a comprender el significado de las palabras, se inaugura para él un nuevo medio de describirse a sí mismo.

Pedrito, que recién comienza a dar sus primeros pasos, arrebata el juguete de su amigo, deleitado con la magnífica presa que acaba de cobrar. A su edad, la preocupación por las necesidades de los demás no existe, y el llanto de su compañero de juegos lo deja completamente sin cuidado. Su madre lo reprende: " ¡Pedrito! ¡Eso no está bien! ¡Nene *malo*! "

Para el niño pequeño, los demás —en especial sus padres— son espejos infalibles. Cuando su madre lo describe como malo, Pedrito concluye que esa debe ser una de las cualidades que él posee, y se pone a sí mismo ese rótulo para ese momento particular. Las palabras (y las actitudes) de ella poseen un peso tremendo (véanse, en el Capítulo Séptimo, maneras constructivas de hablar a los niños).

Imaginemos que la madre sea para Pedrito un espejo que constantemente le devuelva reflejos negativos de sí mismo. A lo largo de los años, el niño sólo oirá, entonces, expresiones de este cariz: " ¡Nada puedo hacer con este chico, es una criatura imposible! "; " ¿Qué quieres *ahora*? " (en tono impaciente, como quien dice " ¡Dios mío, otra vez! "); " ¿Por qué no consigues buenas notas, como tu hermana? "; "Invitaron a Pedrito a pasar el fin de semana fuera" (en tono de gran alivio); "No veo la hora en que acaben las vacaciones y Pedrito vuelva a la escuela". Al ingresar Pedrito al primer grado, las palabras de su madre a la maestra fueron: "La compadezco, señorita; ¡ahora él va a estar con usted la mayor parte del día! " Cuando se ve con qué aplanadora le tocó vivir, comprende uno por qué Pedrito desarrolló una imagen tan chata de sí mismo. No sería de extrañar el que se tuviera a sí mismo por algo así como un dolor de muelas.

De una cosa no caben dudas: *las palabras tienen poder*. Tanto pueden servir para erigir como para derrumbar el propio respeto. Pero las palabras deben acompañar a sentimientos verdaderos. La alta autoestima no proviene de la adulación; de hecho, nada puede ser peor que esta última. A menos que las palabras coincidan con las actitudes, los niños advierten la discrepancia entre unas y otras. Y de ese modo, comienzan a desconfiar de lo que decimos (el Capítulo Sexto expone con mayor amplitud la importancia de los mensajes coherentes).

Como ocurre con los mensajes sin palabras, las explosiones verbales negativas que ocurren de vez en cuando no tienen efectos permanentes. Todos los padres perdemos la paciencia en ocasiones (aun así, los sentimientos negativos se pueden evacuar en forma constructiva; véase Capítulo Séptimo). Pero el niño que vive sumergido en la difamación verbal, llega por último a la siguiente conclusión: "Debo de ser una persona insignificante. Cuando uno no le gusta a sus propios padres, ¿a quién más habría de gustarle? "

El trato define la propia imagen

La autoestima elevada proviene, entonces, de las reflexiones positivas que se hagan en torno del niño. Alguien podría aducir que conoce personas que, cuando niños, tuvieron las peores relaciones posibles con sus padres y con la gente en general y que, pese a todo, son hoy gente exitosa, que parece muy segura de sí misma y logra realizaciones sobresalientes.

Existen, en efecto, muchas personas así. Pero los atributos externos del "éxito" no son índice seguro de paz interior. Con mucha frecuencia, individuos que parecen exitosos vistos desde fuera, pagan, en su interior, un alto precio por ello: viven tras las máscaras de la falsa confianza en sí mismos, la alienación, las defensas neuróticas y el descontento constante. Sujetos solitarios que no gustan de sí mismos, suelen usar la ocupación permanente como escapatoria. Y se sienten inadaptados, por muchas pruebas de "éxito" externo que logren reunir.

La autoestima legítima, que es lo que nos interesa aquí y ahora, se refiere a lo que uno piensa de sí mismo *en privado*, y no al hecho de poder presentar una buena fachada o acumular riqueza y status.

Para componerse autoimágenes de personas verdaderamente adecuadas, para sentirse completamente bien por dentro, los niños necesitan *experiencias vitales* que *prueben* que ellos son valiosos y dignos de que se los ame. *No* basta con decir a un niño que él es un individuo especial. Lo que cuenta es la experiencia, que habla con más fuerza que las palabras.

Todo niño se valora a sí mismo tal como haya sido valorado.

Son varios los factores que se combinan para transformarnos en el espejo más importante de cuantos existen para nuestros hijos: la prolongada dependencia en torno de la satisfacción de necesidades físicas y emocionales, el permanente contacto, y el hecho de que nuestros reflejos de su imagen son los *primeros* que ellos reciben. Los niños muy pequeños amplían la imagen de sus padres hasta dar a estos proporciones de dioses.

Un niño de cuatro años expresó la visión infantil típica del poder de los padres en momentos en que, un atardecer, pasaba en automóvil, con su padre, frente a un grupo de casas. El niño señaló una de las casas, que tenía luces encendidas y las persianas cerradas, y preguntó:

—¿Qué hace la gente que está dentro de esa casa, papá?

—No sé, hijo—. Respondió el padre.

—Bueno, ¿y por qué no sabes? — insistió la criatura.

Para los pequeños, papá y mamá todo lo pueden y todo lo saben; son verdaderos salvavidas... Es perfectamente lógico que a los tres o cuatro años se crea que los padres son capaces de ver a través de las persianas cerradas.

En consecuencia de lo dicho, el niño razona así: "Estos dioses todopoderosos me tratan como yo lo merezco. Lo que ellos dicen de mí *es* lo que soy." Emplea entonces las palabras y los mensajes corporales que recibe de ellos para formar su imagen de sí mismo, y se esfuerza por adecuarse a la visión que ellos

33

tienen de él. Se trata de una imagen a la cual vivirá aferrado, como veremos en el capítulo siguiente.

En nuestra condición de padres, debemos tener presente que el reflejo de sí mismos que damos a nuestros hijos tiene poderosos efectos sobre la zona de crecimiento de su sentido de sí mismos.

También los demás son espejos

Por supuesto, uno no es el único espejo de la vida de su hijo. Toda persona que pase con él períodos prolongados influye sobre la autoimagen del niño. Importa poco si se trata de parientes, vecinos, niñeras o mucamas. Es mucho lo que los maestros aportan a la visión de sí mismo por parte del niño, debido al constante contacto y al considerable poder que los educadores ejercen sobre los educandos. Los hermanos también constituyen espejos; el niño no depende mucho de ellos para la satisfacción de sus necesidades físicas y emocionales, pero sí como fuentes de estímulo social y de competencia, y como parte íntima de su vida diaria. Los hermanos reaccionan constantemente ante el niño como persona.

Alrededor de los seis años, el niño deja de depender totalmente de su familia. La manera en que los niños ajenos a su hogar reaccionan ante él se hace cada vez más importante. Pronto advierte que otros jovencitos valoran ciertas cualidades. Y el hecho de poseerlas o no, afecta sus sentimientos acerca de sí mismo. Los varones tienden a apreciar las dotes atléticas, la pura fuerza física y el coraje. Las niñas admiran por lo general la atracción física, la pulcritud, la sociabilidad y el trato amable, y asignan a la ternura y a la virtud moral más importancia que los muchachos.

El niño que posee los rasgos que resultan estimables para sus compañeros de edad se siente más apto que el que no los tiene, porque recibe de su grupo reiterados reflejos positivos de su imagen. El jovencito cuyos intereses y valores son notoriamente distintos de los demás individuos de su edad tiende a sentirse aislado; después, comienza a considerar que vale menos que los demás. Desde los seis años hasta la adolescencia, el niño necesita cada vez más apoyo social por parte de otros cuyos valores coincidan con los de él.

Cuando el niño que da sus primeros pasos advierte que se encuentra separado de los demás, trata de superar su desamparo mediante el dominio de sí mismo y de su entorno. Los éxitos y los fracasos que obtiene en esta tarea se reflejan en su actitud hacia sí mismo. Veamos cómo funciona este fenómeno.

Todo niño recibe mensajes de su propio cuerpo. Eduardo, por ejemplo, ha heredado piernas largas y fuertes, y músculos bien coordinados. Así, le resulta fácil destacarse en todos los deportes. Sus compañeros pugnan por alistarlo en sus equipos; sus maestros y sus padres rezuman cálida aprobación hacia él. Su capacidad le permite verse a sí mismo de manera muy distinta de lo que hace su amigo Claudio, cuyo cuerpo menudo y mal coordinado nutre la convicción, por parte de su dueño, de que poco tiene que ofrecer a su grupo en cuanto a rasgos valorados.

El ritmo de crecimiento, el nivel de energías, la talla física, la apariencia, la fuerza, la inteligencia, los modales, las capacidades y las incapacidades de todo chico generan reacciones. El niño llega a conclusiones acerca de quién es él, de acuerdo con *sus propias* comparaciones de sí mismo con los demás, y de acuerdo también con las reacciones de *los demás* ante él. Cada una de tales reacciones suma o resta algo a lo que él siente acerca de su propio valor.

Las actitudes de los demás hacia la capacidad del niño son más importantes para él que la posesión de cualquier rasgo particular. El *hecho* de cualquier incapacidad le resulta mucho menos vital que las *reacciones* que dicha incapacidad suscita en quienes lo rodean. Las actitudes de piedad y de desdén hacen que el jovencito se sienta infortunado, y mutilan su imagen de sí mismo en el terreno correspondiente.

La escuela presenta —tanto en el aula como en el patio de recreo— una cantidad de obstáculos nuevos que el niño deberá sortear para sentirse capaz. Tomemos por ejemplo a Julia, niña de maduración rápida tanto en lo físico como en lo mental. Julia se encuentra preparada para asumir las tareas escolares, en especial la lectura, antes que muchas de sus compañeras. Y aprende a verse a sí misma bajo una luz distinta de la que Josefina, más lenta en su desarrollo, siente para sí. Julia elabora, por consiguiente, cierto respeto privado por su propia capacidad mental; para ello, posee pruebas concretas de ser más que apta para la actividad escolar.

Una niña del segundo grado, con alto nivel de rendimiento en la escuela, escribió: "Me gusto a mí misma, porque hago bien mis tareas". La conciencia de su capacidad aumentaba en ella la alegría de ser quien era.

Cuando se considera la importancia de la habilidad para la autoestima, se debe tener en cuenta que los éxitos pesan más cuando se producen en los terrenos que más interesan al niño. A los doce años, Ignacio era un pianista consumado, pero en materia de deportes figuraba siempre entre los últimos. Su talento musical significaba poco para él mismo, ya que sus amigos no lo valoraban.

Toda actividad a la que se dedique proporciona al niño más información acerca de sí mismo. En los clubes, en los deportes, en la iglesia, en los grupos sociales, en la escuela y en el trabajo, el jovencito enriquece constantemente su colección de descripciones de sí mismo con reflejos que recoge por todas partes.

Las respuestas a la pregunta "¿quién soy?"

La visión que de sí mismo tiene cada niño es el producto de la corriente de imágenes reflejadas que le llega de muchas fuentes: el trato que recibe de los demás, el dominio físico que pueda ejercer sobre sí mismo y sobre su entorno, y el grado de realización y reconocimiento que logre en terrenos importantes para él. Estas imágenes reflejadas son como instantáneas de sí mismo que él pegase en un álbum fotográfico imaginario. Constituyen la base de su identidad; y se transforman en su *autoimagen* o *autoconcepto*, o sea en sus respuestas personales a la pregunta "¿Quién soy?"

Importa tener presente que la imagen que uno tiene de sí mismo puede ser acertada o no. Todo ser humano posee ser y autoimagen. Cuanto más se aproxime la visión que de sí mismo tenga el niño a lo que realmente es en ese preciso momento más realista será su comportamiento en la vida.

El señor y la señora K. necesitan que Lila, su hija, se destaque. Esta, que ha asimilado los elogios exagerados de sus padres, se considera cantante de talento, ilusión alimentada por una profesora de canto ávida de dinero. Lila tropieza con dificultades, porque el público se muestra indiferente a sus dotes vocales. Si no cambia la autoimagen que han alentado en ella los padres y la profesora, corre el riesgo de agotarse en el esfuerzo de llegar a ser algo para lo cual carece de talento. Eso sólo puede llevarla a la frustración y el fracaso, si no al ridículo ante los demás. Así, Lila no tiene mucha razón para gustar de sí misma. Y si cambia su autoimagen de manera que esta se adapte a sus verdaderas habilidades, no podrá dedicarse por entero a la tarea de transformarse en concertista de canto, meta que sus padres ansían para ella.

Naturalmente, cuanto más se adapte el autoconcepto de una persona a sus verdaderas habilidades, aptitudes y potenciales, tanto más probable será que esa persona alcance el éxito, ya que también será más probable que se considere a sí misma como adecuada.

Surgimiento de la autoestima

Al mismo tiempo que el niño recoge las descripciones que otros hacen de él, asimila también las actitudes que esos otros tienen *acerca de las cualidades implícitas en tales descripciones*. Cuando el señor T., por ejemplo, dice a su hija Luisa "Dios mío, ¡qué bochinchera eres! ", un segundo mensaje —que es un juicio de valor— acompaña sus palabras. Su tono y su expresión facial agregan: "Y eso es malo". De esa manera, Luisa aprende a considerarse bochinchera, y a pensar que ese es un rasgo negativo. La situación puede llevarla a renunciar a una parte natural de su ser, para obtener aprobación y ganar en autorrespeto, o bien a adoptar el juicio de su padre y sentirse un poco menos aceptable.

Las palabras son menos importantes que los juicios que las acompañan.

El señor S. suele llamar "monstruo" a su hijo Samuelito. Pero lo hace con tono cariñoso y de orgullo. Es como si le dijera: "Hijo, eres un gran tipo". Samuelito se define a sí mismo como monstruo, pero lleva ese rótulo con orgullo. Recordemos esta premisa: *el lenguaje corporal habla siempre en tono más alto que las palabras.*

El juicio de sí mismo por parte del niño surge de los juicios de los demás. Y cuanto más gusta de su autoimagen, mayor es su autoestima.

Hacia los cinco años, todo niño ha recogido, por lo general, imágenes reflejadas de sí mismo en cantidad suficiente para dar forma a su primera estimación general de su propio valor. Tal vez no se sienta conforme consigo mismo en todo momento pero sí, en términos generales, se siente básicamente digno de que lo quieran y valioso, estará contento de ser quien es.

Cuando cualquier persona dice ser inepta, no comenta en realidad *cosa alguna* acerca de su persona. Piensa que habla de su valor personal (su yo). Lo que hace, en cambio, es referirse a la *calidad* de sus relaciones con otras personas, de las cuales ha recibido los elementos con los cuales formó su autoimagen.

En términos de la forma en que cada persona vive su vida, es válida la afirmación de que "No importa *quién* es uno, sino quién *cree* uno que es".

Bernardo, niño del quinto grado, se explayó sobre ese concepto en una composición escolar acerca de qué era lo que había que agradecer el Día de Acción de Gracias:

> ¡Me alegro de no ser un pavo! Agradezco que yo sea yo, y que usted sea usted. Me alegra estar poniéndome habilidoso en la escuela. Me alegra estar aquí y no allá. Me alegro de ser una persona y no un perro, o un gato... Me alegra venir a esta escuela. Me alegra tener buenos amigos con los cuales jugar. Me alegra tener un hermano con quien hablar, en casa. ¡Estoy agradecido de ser yo!

Es este un elocuente testimonio de la positividad de los espejos que rodeaban a Bernardo.

Recordémoslo: ningún niño puede "verse" a sí mismo en forma directa; sólo lo hace en el reflejo de sí mismo que le devuelven los demás. Sus "espejos" moldean literalmente su autoimagen. La clave del tipo de identidad que el niño se construye se relaciona directamente con la forma en que se lo juzga. Por consiguiente, todo lo que ocurra entre él y quienes lo rodean es de importancia vital.

Toda identidad positiva se articula en experiencias vitales positivas.

3

LOS ESPEJOS
INFLUYEN LA CONDUCTA

Autoconcepto y conducta

Mientras Leopoldo conducía alegremente su "tren" de cajas a lo largo de una vía imaginaria, su compañero de juegos Jorge, montado en su triciclo, dio violentamente varias vueltas en torno del tren, al tiempo que lanzaba toda clase de amenazas: "¡Voy a sacarte de tu tren a tirones! ¡Ten cuidado, si no quieres que te dé un puñetazo en la nariz! ¡Mi triciclo es más veloz que tu tren!" Leopoldo tomó en broma el alboroto, y lo ignoró.

De pronto, Jorge se aproximó con su vehículo a la maestra de la guardería en que estaban, y le preguntó, con un susurro confidencial: "Cuando usted tenía cuatro años, ¿era tan fuerte como yo?"

La maestra, que había sido una niña muy menuda, le respondió categóricamente: "Tú eres mucho más fuerte de lo que yo fui a los cuatro años".

Jorge quedó callado, durante un momento, como si digiriese la idea. Después, volvió a dar vueltas en torno del tren de su amigo, esta vez pedaleando pacíficamente y sin proferir una sola amenaza más.

¿Qué fue lo que indujo este notorio cambio en la conducta de Jorge?

Los niños de cuatro años reciben de su entorno y de quienes los rodean muchos reflejos de su impotencia. Aunque pequeños, tratan, como todo ser humano, de contrarrestar tales reflejos.

La primera conducta de Jorge equivalía a rogar a su compañero: "Date cuenta de lo fuerte que soy. Actúa como si estuvieras asustado, para que yo pueda verme a mí mismo como individuo poderoso." Tras la hostilidad se ocultaba, simplemente, el deseo de gustar de sí mismo. Tal vez esa misma mañana, más temprano, otra experiencia puso de relieve su impotencia, y dejó en su autorrespeto un hueco que había que emparchar. Apenas la maestra le dio el parche necesario, Jorge reconstruyó su imagen de fuerza y pudo dedicar sus energías al juego pacífico.

Este breve episodio ilustra la forma en que la conducta apunta al logro de la autoestima.

Todo niño busca para sí una imagen de capacidad y fuerza. Y ajusta su conducta a su autoimagen.

Pensemos en nosotros mismos. ¿Acaso nuestra conducta es la misma en las ocasiones en que confiamos en nuestros medios y en aquellas otras en que no es así? Cuando nos sentimos confiados, hacemos manifestaciones positivas acerca de nosotros mismos; somos más amistosos y abiertos, y nos mostramos más interesados en relacionarnos pacíficamente con los demás. En cambio, cuando la situación nos hace vacilar y sentir ineptos, nos apocamos y tratamos de pasar inadvertidos. La misma expresión "confianza en uno mismo" significa seguridad interior. Implica que, en el fondo, uno confía en su capacidad, y actúa de acuerdo con ello. Lo mismo les ocurre a los niños.

Hasta la forma de hablar deja translucir lo que cada niño piensa de sí mismo. Pídasele a un tartamudo, por ejemplo, que diga cuáles son su nombre y dirección, o que hable de lo que en esos momentos le enseñan en la escuela, e incurrirá en un balbuceo de agonía. Hágase, en cambio, que asuma una identidad ajena (por ejemplo, que recite o que adopte un acento extranjero), y su incapacidad desaparecerá. Cuando habla desde la ineptitud, se traba; cuando lo hace desde la fuerza, su discurso es fluido.

La autoconfianza "moteada"

La autoconfianza en un terreno no significa, necesariamente, confianza en todos los terrenos. Bartolomé, por ejemplo, recibe desde hace años reflejos positivos de su capacidad intelectual. Su convicción de que tiene algo que ofrecer se manifiesta en el aula, en los equipos de estudiantes y en las organizaciones escolares. Pero en sus relaciones sociales, se siente "torpe". Por lo consiguiente, en las reuniones se muestra tímido y huidizo, y se mantiene marginado. Así, pues, en las situaciones sociales actúa, camina y habla de maneras distintas de las que emplea en las situaciones escolares.

Los adultos no son diferentes de eso. Todos conocemos, por ejemplo, hombres que participan confiada y libremente en reuniones de negocios, y que cuando deben concurrir a fiestas se encuentran como peces fuera del agua.

Cuanto más amplia la autoestima del niño, tanto más plena y confiada será su acentuación en todos los campos de su vida.

Autoestima baja y autoestima alta

Los niños poseen, en su mayor parte, sentimientos encontrados acerca de sí mismos, pero ya hemos visto que la autoestima se refiere a sus juicios *generales* acerca de su propio ser.

¿Qué clase de enunciados acerca de sí mismo se plantearía Roberto si su autoestima fuese baja? Diría cosas tales como: "Yo no importo mucho. Si la gente me conociera en realidad, no les agradaría. No puedo hacer las cosas tan bien como los demás. No tiene gran objeto el que intente nada nuevo, porque ya antes de empezar, sé que fracasaré. No soy capaz de tomar decisiones acertadas. No hablo en las reuniones, porque nada digo que merezca escucharse. No me gusta ir a lugares que no conozca. Aborrezco estar solo; de hecho, me gustaría ser otra persona."

Si la autoestima de Roberto fuera alta, sus consideraciones se parecerían más a las siguientes: "Creo que tengo algo que ofrecer a los demás, y que puedo aprender de ellos. Mi gente cree que merezco respeto. Hay bastantes cosas que puedo hacer bien, aunque me quedan muchas otras que aprender. De todos modos, aprender es una diversión. Cuando las cosas no me salen bien al primer intento, me gusta probar de nuevo. Pienso que, a su debido tiempo, puedo lograr todo lo que me proponga. Me gusta estar solo, y también con otros. Me alegro realmente de ser quien soy." La confianza de Roberto es obviamente mayor en el segundo ejemplo.

Imaginemos a dos adolescentes de igual atractivo e inteligencia, para que veamos de qué manera influye la autoestima sobre la conducta.

Juana cree en sí misma; María, no. En la escuela, Juana se ofrece para responder a los interrogatorios, se abre a los demás y toma parte vibrante en las discusiones. ¡Qué contraste entre su conducta y la de María! Vacilante y desmañada, esta última sólo responde a las preguntas directas. Prefiere guardar sus opiniones para sí, por temor a las reacciones de los demás. En las fiestas de gente de su edad, Juana se relaciona cálidamente con sus amigos y participa en los juegos; María se retrae: espera que la presionen para intervenir y aun entonces lo hace con desgano.

María cree, en secreto, que nada tiene que ofrecer; no podemos esperar que se sienta segura de sí misma en situación *alguna*. Su cautela y sus dudas le impiden toda participación espontánea y animosa. Semejante conducta amortigua su influencia social sobre los demás, cosa que, a su vez, nutre su convicción de carecer de gran valor. A diferencia de María, la confianza de Juana en sí misma da a esta la libertad necesaria para afrontar sin reservas diversas situaciones. La autoimagen de cada una de estas muchachas se manifiesta en las acciones de una y otra.

Toda vez que el jovencito se ve a sí mismo como perdedor, *espera fracasar*, y se comporta de manera que hace menos probable el éxito. Una vez que deja de creer en sí mismo, queda en el camino de la derrota. En cambio, el que tiene una historia de triunfos pasados espera hacer las cosas como corresponde. Su seguridad personal le da el *coraje* necesario para hacer frente a los obstáculos, y la *energía* que hace falta para superarlos.

Durante toda su vida, Raquel estuvo rodeada por el amor y la aceptación de quienes la rodearon. La gente reaccionaba con calor ante sus grandes ojos juguetones, su alegría y su sentido del humor. "Mamá," dijo un día, "amo a la gente." ¿Por qué no iba a hacerlo? Todas sus experiencias la habían hecho sentirse importante y valorada. Entre los demás, su comportamiento recordaba el de un cachorro cariñoso: literalmente, se "deshacía" por verlos. Esperaba triunfar. Y sus *expectativas teñían su conducta* con seguridad, buena disposición y apertura hacia los demás. Estos mismos rasgos le atraían más éxito.

Todos debemos evitar en lo posible la mala conducta de los niños. La vida es más placentera sin ella, tanto para nosotros como para nuestros hijos. Sabemos ya que la conducta se adapta a la autoimagen, de modo que nos resultará fácil comprender que *una de las causas de la mala conducta estriba en el concepto negativo de sí mismo por parte del niño.* El niño que cree que *es* malo conforma sus acciones a ese juicio. Desempeña el papel que le han asignado.

Por lo general, cuanto peor se comporta el niño, más se lo reprende, castiga y rechaza. Así, su convicción interna de ser "malo" arraiga en él con más y más firmeza. La mala conducta crónica puede fundarse en el deterioro de la autoimagen, pero la baja autoestima no es la única causa de la primera.

Así, muchos adolescentes (y adultos) cuya conducta va en detrimento de sí mismos y de la sociedad —marginados, delincuentes y drogadictos, por ejemplo— creen, dentro de sí, ser individuos desesperadamente ineptos y carentes de valor alguno. Y buscan a tientas hallar significado y satisfacción para sus vidas, pero sus esfuerzos, mal orientados, sólo los impulsan a una conducta en la cual está implícita la autoderrota.

El niño con alta autoestima rara vez es un niño problema. Él camina, habla, trabaja, aprende, juega y vive de maneras distintas de las del que no gusta de sí mismo. La seguridad interna irradia de todas sus acciones. Cuando llegan a adultos, estos individuos son más capaces de trabajar constructivamente en los problemas y desigualdades que existen en nuestro mundo. Sus sólidos núcleos les dan la libertad necesaria para ser innovadores y no hostiles destructores. El niño que posee respeto por sí mismo está predispuesto a transformarse en miembro constructivo de la sociedad.

La felicidad y la conducta

Son incontables los padres que afirman: "Sólo quiero que mi hijo sea feliz." No obstante, carecen de certeza acerca de en qué consiste la felicidad.

Un estudio destinado a señalar las diferencias entre la gente feliz y la infeliz llegó a la conclusión de que si se tomaban uno por uno los rasgos que distinguían a un grupo del otro, el más notorio de tales rasgos consistía en que las personas felices se hallaban *exitosamente comprometidas con otras*, y las desdichadas no. La baja autoestima constituye un obstáculo para la felicidad por cuanto impide los compromisos sin conflictos. Uno de los mayores problemas con que tropieza casi toda organización reside en las personas que se transforman en algo así como abrojos para las demás. Sin embargo, el progreso depende de las relaciones entre personas en medida acaso mucho mayor que lo que nosotros advertimos.

La clave de la paz interior y la vida feliz, es la alta autoestima, por cuanto ella se encuentra detrás de toda relación exitosa con los demás.

4

EL PRECIO
DE LOS ESPEJOS DISTORSIONADOS

La falta de autorrespeto

En sus esfuerzos por agradarse a sí mismo, todo niño se esfuerza por obtener aprobación y trabaja incansablemente para
desarrollar habilidades que eliminen sus incapacidades. Cuando
quienes lo rodean pasan por alto el crecimiento de sus poderes, el
jovencito no tiene empacho en llamar la atención sobre sus logros.

Papá, ¡mira que fuerte soy!
¿Sabes una cosa? ¡Ya puedo atarme los zapatos!
¡Corro más rápido que Guillermito!

¿Jactancia? No siempre. Se trata simplemente de pedidos de
reflejos positivos, realimentación *necesaria* para mantener alto el
concepto acerca del propio valor.

Cuando los niños no logran desarrollar el respeto por sí mismos, emprenden caminos distintos, sobre la base de tres posibilidades (o combinaciones de las mismas), a saber:

la erección de defensas:	elaboración de diversas cubiertas para los sentimientos de ineptitud;
la sumisión:	aceptación de la ineptitud como hecho y comienzo de una vida de autoanulación;

la retracción   retiro a un mundo de fantasías para contrarrestar los rechazos que se sufren.

Cada una de estas opciones tiene su precio, que se paga en disminuciones de la plenitud de la vida.

El camino peculiar que recorre cada niño depende de su temperamento, sus modelos, sus experiencias y los resultados que haya obtenido en sus tanteos. La mayoría de los niños ensaya todo tipo de defensas antes de someterse o retraerse; estas dos últimas actitudes sólo se asumen, en general como último recurso. Los niños no se dan por vencidos con facilidad.

La autoestima y las defensas

Toda defensa no es otra cosa que un arma psicológica contra la ansiedad, el temor, la inseguridad y la ineptitud. Su fin es el de ayudar al niño a conservar su integridad. Todos nos valemos, una u otra vez, de medios de defensa.

La constante chismografía de Sara es su manera de disminuir a sus hermanos, mientras se elevan sus propias acciones. El matonismo de Simón es un intento de imponer su voluntad. La charla incesante de Margarita sirve para llamar la atención: ella se desvive por hacerse notar.

Existe todo un arsenal de defensas. La compensación, la racionalización, la sublimación, el desplazamiento, la negación y la proyección son sólo algunas de las muchas a que todos recurrimos. Estos mecanismos nos ayudan a veces a adaptarnos, pero otras veces nos acarrean problemas, especialmente cuando confiamos demasiado en ellos. (Por lo común, los niños advierten tarde o temprano que la jactancia, la chismografía y las conductas de atracción de la atención producen más rechazos que aceptaciones.) No nos proponemos tratar en detalle todas las variedades de defensa —material que compone el contenido de otros libros—, sino señalar los fines de algunas de ellas, y examinar las más corrientes.

La mayoría de las defensas tiene su origen en la secreta convicción, por parte del niño, de ser malo, indigno de amor y carente de valor. *Este sentimiento secreto constituye el núcleo de la neurosis.* La neurosis es, en fin de cuentas, nada más que el tejido cicatrizal que se forma en torno de una herida psicológica. El niño dotado con alto autorrespeto no necesita defensas malsanas. Recordemos lo siguiente:

Las defensas se disponen en torno de las debilidades y no de la fuerza y la aptitud.

Los sentimientos de ineptitud y las defensas malsanas marchan de la mano.

Veamos ahora cómo hacen los niños para manejar su necesidad de autorrespeto. Vigorosa y emprendedora, Susana siente que ella constituye una verdadera decepción para sus padres. Y si bien cree, en su fuero interno, que sus padres tienen razón para semejante juicio, su temperamento no le permite someterse a él en forma pasiva. En la edad preescolar, se lanza a la oposición y a la rebelión obstinadas; trata de abrirse el camino de la aceptación por medio de la agresión física directa. Hacia los seis años de edad, recurre a una cubierta (compensación) para ocultar su ineptitud. Intimamente se siente pequeña e inútil, pero en lo exterior es gritona, autoritaria y dominante. Pedir a Susana que modifique su conducta equivaldría a pretender curar el sarampión pulverizando medicamentos sobre el sarpullido. El sentimiento de ineptitud no se modifica con discursos; por lo contrario: así se lo incrementa.

Alrededor de los ocho años, Susana advierte que con su táctica sólo consigue alejar a los demás niños. Incapaz de lograr aprobación en su casa, busca alguna manera de contar para su grupo. Descubre entonces que tiene habilidad para el básquetbol. Con el alma y la vida volcados sobre el deporte, asiste a todos los partidos importantes con ojo crítico. Emplea todo su tiempo libre en entrenarse. Al llegar a los diez años, se ha transformado en la jugadora sobresaliente de su clase. Sus compañeras claman por tenerla en sus equipos. Ha creado, por fin un lugar para sí en la admiración de su grupo.

Aunque su dedicación al básquetbol fue, en sus orígenes, sólo una forma más de compensación para el sentimiento de carecer de importancia, esta solución fue útil para Susana, ya que le dio lo que anhelaba: el respeto de su grupo. No obstante, tropezará con nuevos problemas más adelante, cuando dicho grupo suyo deje de valorar a los buenos jugadores de básquetbol. En ese momento, y a menos que desarrolle otras maneras de conseguir aceptación, volverá a quedar desamparada.

Otro tipo de compensación es el ilustrado por el adolescente que se esfuerza sin cesar en busca de objetivos más y más elevados. Juan, por ejemplo, se encuentra secretamente convencido de su falta de valor, y "colecciona" toda clase de logros para demostrar que vale. Pero aunque se cubre a sí mismo con gruesas capas de logros, estas no bastan para hacerle perder de vista su concepto de sí mismo. Las evidencias externas no alcanzan a apaciguar su oculta convicción interna.

La compensación es sólo uno de los muchos medios a los cuales recurrimos los seres humanos para alcanzar el autorrespeto.

Las defensas y los círculos viciosos

No todos los niños (ni los adultos) encuentran caminos constructivos hacia la autoestima. Muchos optan por defensas que los colocan en círculos viciosos de autoderrota. Estas pautas se adquieren generalmente en el hogar.

Supongamos que Susana no halló la solución del básquetbol, y que sigue siendo mandona, agresiva y dominante. Cuanto más autoritaria sea, mayor será el rechazo que reciba de los demás. De esa manera, a la reprobación de su familia se sumará el aislamiento a que la someterán sus compañeros de escuela, y su autoestima descenderá aún más.

En este caso, el círculo vicioso no se interrumpe. Cuanto peores sean sus relaciones con los demás, menos capaz será ella de concentrarse en sus tareas escolares. Desde su punto de vista - y desde el punto de vista de cualquier otro niño—, el pertenecer a la pandilla es más importante que leer o aprender las tablas de multiplicación. ¿Cómo podría concentrarse en abstracciones, cuando en lo interior se desangra por las heridas del rechazo total?

Las malas calificaciones se acumulan, y Susana tiene en ellas más razones para considerarse inútil. Todo nuevo fracaso prepara el terreno para los que vendrán. La derrota como persona induce la frustración escolar. Entonces ya no importa que Susana posea coeficiente de inteligencia alto: sus estudios marchan mal porque su cociente de suficiencia personal está lleno de agujeros.

Una de las defensas malsanas que se observan en los niños con autoestima baja es el exceso en las comidas, cosa que inicia un círculo vicioso difícil de quebrar.

Josefina, de ocho años, siente que está de más en su familia. El creerse inaceptable crea en ella ansiedad y tensión. Uno de sus primeros recuerdos de la infancia consiste en que comer era bueno: relajaba sus tensiones internas. Cuando bebé, la comida se asociaba con que la tuvieran en brazos y la mimaran. Y en la época en que daba sus primeros pasos, su madre resplandecía de aprobación cada vez que la niña comía hasta hartarse.

Hoy, guiada por sus recuerdos y asociaciones del pasado, se da a la comida cada vez que se siente frustrada, tensa, sola o rechazada. Al no hallar consuelo en quienes la rodean, busca satisfacción momentánea en la comida. El comer brinda sus recompensas momentáneas: la comida tiene buen sabor. El alimento se transforma así en símbolo de calor, acercamiento, afecto, aprobación y sensaciones corporales agradables. De modo que Josefina se vuelca con los ojos cerrados sobre el símbolo de sus pasadas satisfacciones, y trata de nutrirse.

Cuando está a solas, incurre en una sobrealimentación que la hace aumentar de peso constantemente. Esto disminuye su atractivo físico y su aptitud para los deportes; pronto se transforma en el blanco de las bromas del patio de juegos. Las burlas de los demás hacen que recurra con mayor insistencia al consuelo de la comida, y el círculo vicioso se cierra. Cuanto más gorda se pone, más le toman el pelo. Cada nuevo rechazo la lanza otra vez sobre la comida. Y Josefina se retrae en el autodesprecio y la alienación.

Las falsas fachadas

Algunos niños (y adultos) con sentimientos profundos de ineptitud se valen de la defensa que consiste en presentar una buena fachada. Nuestro modelo de adolescente de esta clase es un caso típico. Los padres de Mariana parecían apreciarla sólo cuando ella era prolija, puntual, bondadosa y juiciosa. Mientras la niña desempeñara el papel del angelito, gozaba de sólido lugar en el afecto de su familia.

Así Mariana ocultaba sus sentimientos normales de ira, celos, frustración y ansiedad. En la superficie, todo parecía perfecto. El problema era que ella sabía que alentaba tales sentimientos inaceptables ocultos en su interior. (Los inconvenientes que acarrean los sentimientos negativos reprimidos se exponen en el Capítulo Décimocuarto.) Mariana invertía la mayor parte de su

...empo en mantener erecta la imagen de la "buena chica", para agradar a los demás. De ese modo, llegó a ser una persona dependiente y sumisa, que adecuaba cada uno de sus actos de manera de obtener aprobación y ocultar de la vista su "yo malo". Pero aunque realizó con éxito semejante tarea de ocultamiento, carecía de confianza en sí misma. Sus energías se dedicaban más a parecer perfecta que a desarrollar sus posibilidades potenciales. Se transformó en esclava de "lo que debiera ser", y se volcó por completo a alcanzar y mantener la apariencia externa del "éxito". En casos como este, según palabras de Karen Horney,[1] "Los esfuerzos no se concentran en ser, sino en parecer."

Todos conocemos personas que parecen confiadas siempre, aunque no se sientan de ese modo. A veces, esas personas nos engañan, pero en su conducta hay a menudo una fragilidad, una exageración o una tensión que delatan la inseguridad que se oculta en el fondo.

Lorenzo es un poco gritón, estrecha las manos con vigor un poco excesivo, ríe con demasiada cordialidad, y no puede quedarse quieto en su asiento. Da la impresión de esforzarse por *parecer* confiado, más que la de *serlo*. Nunca tenemos la sensación de conocer realmente a los individuos como Lorenzo. Ocurre que nunca conseguimos mirar detrás de la máscara para ver cómo es la verdadera persona.

Todo aquel que construye un falso yo se condena a sí mismo. En realidad, lo que recibe de los demás son reacciones ante la *máscara* que utiliza, y no ante su verdadero yo. Esta clase de personas sabe que su fachada no es genuina, de modo que asigna la aprobación de los demás a dicha fachada buena. Y vive con un solo pensamiento: "A la gente la agrada mi falso yo, y ese no es mi verdadero ser." Así, la aprobación que obtiene poco significa: es aprobación por algo que no es legítimo.

El verdadero yo de tales individuos no tiene oportunidad de desarrollarse, ya que se lo retira de su fuente de nutrición: la interacción social con los demás. Se trata de personas que temen permitir que alguien los vea tal cual son, porque les enseñaron en la infancia —en general, sus padres— que su ser real es inaceptable. Al llevar a cuestas este supuesto hasta la adultez, pierden la oportunidad de comprobar cómo reaccio-

1. Horney, Karen: *Neurosis and Human Growth.* Nueva York, W.W. Norton & Company, 1950, página 38.

narían quienes los rodean en la vida adulta si ellos se mostraran tal cual son. Aunque la máscara haya resultado apropiada en la infancia, tal vez ya no lo sea. Pero el individuo cree que la máscara lo protege contra el rechazo, y eso no es más que un engaño para sí mismo: sus relaciones con los demás serán falsas mientras él insista en ese juego.

Matilde nació de una familia extrovertida, y aprendió, ya en sus primeros años, que para obtener la aceptación de su familia debía actuar como "el alma de la fiesta". Así, pues, se revistió con la fachada necesaria, pero la soledad propia del que vive tras una máscara comenzó a desgastarla. Y minó sus energías de tal manera que, al llegar a adulta, Matilde estaba casi siempre en cama, víctima de toda clase de enfermedades.

A los cuarenta años de edad, se puso en tratamiento psicológico, y aprendió a aceptar su verdadera naturaleza: la de una persona tranquila y meditativa. Al comprender que su vida no había sido otra cosa que una larga actuación, advirtió que, en nombre de su salud mental y física, tenía que vivir de acuerdo con su naturaleza intrínseca, aun cuando ello significase no llegar a ser lo que se había esperado de ella.

Después tuvo su momento de asombro, cuando algunos viejos amigos le dijeron que a ellos les agradaba más la Matilde verdadera que la falsa. A diferencia de su familia, estos amigos suyos apreciaban a la persona apacible y gentil que ella era en realidad.

En muchos casos, sólo el reexamen de los viejos esquemas que asimilamos desde la infancia nos permite liberarnos de las máscaras que sentimos que debemos emplear. Al efectuar dicho reexamen, descubrimos con sorpresa que tales máscaras ya no tienen "utilidad para sobrevivir". De hecho, los demás nos quieren más sin ellas, porque la legitimidad es cautivante.

Muchos creen que deben "parecer buenos" —fuertes, eficientes, competentes, perfectos— para que los aprueben. Y pasan años puliendo hermosas fachadas, sin advertir que —en definitiva— no hacen más que engañarse a sí mismos.

El adolescente "completamente seguro de sí mismo", la dama que "ni muerta" se deja sorprender sin maquillaje, la señora que padece gran ansiedad si un vecino golpea a la puerta cuando la casa está desarreglada y el hombre excepcionalmente bajo que se abre paso a empujones, con gesto de beligerancia, entre la gente apiñada en la calle o en el ómnibus son, por lo general, ejemplos de personas que alientan sentimientos ocultos de ineptitud. Al no sentirse aptos desde el *interior*, conceden particular importancia al hecho de parecer competentes desde el *exterior*. De manera inversa, el que se siente firmemente competente no necesita mostrar siempre a los demás una imagen sin tacha de sí mismo.

Las máscaras se emplean para ocultar un "yo sin valor".

Sirven para cubrir una autoestima escasa. Cuando vivimos con los adolescentes de manera que se quieran verdaderamente a sí mismos, ellos no necesitan máscaras.

La sumisión y la retracción

El jovencito que no logra elaborar defensas adecuadas puede recurrir a la sumisión o a la retracción. Estos fueron, respectivamente, los caminos elegidos por Bárbara y Haroldo.

Bárbara tuvo muy poca aceptación por parte de sus padres y, pasiva por naturaleza, sus esfuerzos por obtenerla fueron apenas leves. El dominio extremo y el desprecio hacia las mujeres ejercidos por su padre inundaron el hogar. Durante toda su infancia, Bárbara vio a su madre hacer el papel del trapo de piso. Aun así la tomó como modelo, y creció con la creencia de no merecer respeto. Como su madre, optó por una vida de autoanulación: la sumisión.

Las experiencias precoces de Haroldo también lo convencieron de que su valor era escaso. Trató por diversos medios de alcanzar el amor de sus padres, pero nunca lo consiguió. El rechazo de sus progenitores y las duras peleas entre ellos que presenció le hicieron temer a la gente. El tenía escasa presencia de ánimo cuando se trataba de abrirse a otras personas, y los pocos intentos en ese sentido que llevó a cabo se estrellaron con idéntico rechazo.

Para Haroldo, el mundo real y la gente que lo habita no ofrecían ni mucha satisfacción personal, ni mucho calor psicológico. Frustrado por su propia incapacidad para obtener satisfacciones en el mundo exterior, se volcó hacia adentro, en el solitario consuelo de las ilusiones. Y creó, en su imaginación, el tipo de mundo y de trato que anhelaba. El retraimiento en la fantasía no sólo le ahorraba otros rechazos, sino que le ofrecía un lugar privado en que sentirse menos amenazado. De modo que optó por retraerse.

Por lo general, cuanto peor es el comportamiento de un niño, mayor es su anhelo de aprobación; cuanto más retraído u ofensivo, más necesita amor y aceptación; cuanto más altas sus defensas, más ansioso y alienado está. Sin embargo, las mismas defensas del niño disminuyen la probabilidad de que este logre la aprobación que desea. Y así da vueltas y vueltas, hilando el capullo que se transformará en su propia celda.

Las cárceles, los tribunales y los hospitales reciben a diario a quienes pagan el precio de los grandes espejos combados y de los reflejos negativos que sus vidas recibieron de otras personas. De hecho, las páginas de la historia están llenas de ejemplos del brutal efecto que tales personas tuvieron sobre el curso de los acontecimientos humanos.

Lo trágico es que nada de eso es inevitable. Los círculos viciosos *se pueden* evitar, y también romper una vez iniciados. (Véase del Sexto al Decimotercer Capítulo.) Todo progenitor y todo maestro se encuentran en posiciones adecuadas para ofrecer reflejos que impidan que los niños caigan en la trampa de una vida infeliz y distorsionada. La sumisión, el retraimiento y las defensas malsanas son opciones que los niños no han de tomar si les ayudamos a evitarlo.

Quien vive con niños o adolescentes de manera tal que aplasta en ellos la autoestima, les impide el crecimiento positivo; de hecho, fomenta el desarrollo distorsionado y defensivo.

El círculo benigno

Cuando se conoce la importancia de los reflejos positivos, se puede iniciar al niño en un círculo benigno, y no destructivo. Este círculo opera del mismo modo que el círculo vicioso, pero se funda en reflejos positivos.

José, por ejemplo, se sentía profundamente querido y valorado por su familia. Cuando se reunía con otros niños, jugaba pacíficamente, sin ponerse a la defensiva. Naturalmente, hacía amigos y los conservaba con facilidad. Al no malgastar sus energías en defensas protectoras, podía asistir a la escuela con tranquilidad, prestar al estudio toda su atención y aumentar su capacidad. Los reflejos positivos que recibía de su hogar, sus amigos y su escuela lo introdujeron en un círculo benigno de aptitud y aceptación cada vez mayores. El creciente círculo abarcado por tales reflejos positivos nutrió su creencia inicial de su propia importancia, y la confiada felicidad resultante le atrajo la consideración de los demás.

La forma en que vivimos con nuestros hijos durante sus primeros años prepara el camino para que ellos ingresen en círculos viciosos o benignos. No obstante, hasta en las mejores circunstancias aparecen fuera del hogar personas que dan a los niños reflejos negativos. Cuanto menos mensajes negativos haya recibido el jovencito de su familia, mejor podrá sobrellevar los que reciba del exterior.

Los padres no somos *totalmente* responsables por el grado de autoestima que adquieren nuestros niños, pero desempeñamos un papel de primer orden en su visión inicial de sí mismos y tenemos gran importancia en sus vidas durante muchos años.

5

LA TRAMPA
DE LOS REFLEJOS NEGATIVOS

Los autoconceptos se modifican

La autoestima no es inamovible, pero tampoco resulta fácil modificarla una vez que se ha forjado. La visión de sí mismo por parte del niño cambia, por lo general, a medida que este crece y vive experiencias nuevas. El autorrespeto de Jaime, por ejemplo, sube un escalón cuando el crecimiento físico le permite andar en bicicleta.

El proceso de construcción de la autoimagen se desarrolla de la siguiente manera: nuevos reflejos, nuevas experiencias o nuevas etapas del crecimiento llevan a nuevos éxitos o fracasos, que a su vez desembocan en *enunciados nuevos o corregidos acerca del yo*. De ese modo, el autoconcepto de casi toda persona evoluciona durante toda su vida.

Los autoconceptos rígidos

Pero, a veces, la actitud del niño respecto de sí mismo se hace rígida. Y ello prepara el camino para la aparición de problemas. ¿Cómo ocurre semejante cosa?

Como vimos, la autoestima elevada procede del hecho de sentirnos queridos y valiosos. De estos dos sentimientos, el de sentirse digno de amor —o sea el de importar por el solo hecho de existir— es más fundamental que el otro. Cuando el niño siente que no hay razones para que los demás lo quieran, las pruebas que pueda recoger de su propia capacidad y valor tal vez carezcan de significado para él.

El niño (y el adulto) convencido firmemente de no ser bueno se sensibiliza —para decirlo así— de tal modo que sólo recibe aquellos reflejos que confirmen su imagen negativa de sí mismo. El pensamiento de no ser querible actúa como un par de antiparras que impide ver todo mensaje en sentido contrario. Al no gustar de sí mismo el niño ignora o rechaza los reflejos que no concuerdan con esta imagen de sí mismo.

La razón de este fenómeno consiste en que

todo ser humano debe resultar coherente para sí mismo.

Tiene que sentirse *internamente congruente*, "de una sola pieza". Nadie puede pensar que carece de importancia y al mismo tiempo creerse valioso para sí y para los demás. Estos dos sentimientos son contradictorios.

Tina tiene catorce años; ella, por ejemplo, se siente básicamente no querible por haber recibido escasísimos reflejos de su valor como persona. Así, aprendió a aceptar su "no ser querible" como cualidad congénita, como hecho dado. Tina carece de algunas de las habilidades respetadas por sus amigos: no sabe bailar ni nadar. La creencia de ser inferior influye sobre la forma en que encara las lecciones que sus padres pagan para ella. Posee poca fe acerca de su capacidad para aprender y, aun cuando logra hacerlo, ello no modifica su imagen fundamental de sí misma como persona. Está convencida de su ineptitud, pese a todo lo competente que llega a ser. Su razonamiento es el siguiente: "Claro que sé nadar, bailar, jugar al tennis y tocar la guitarra. Y con eso, ¿qué? Otros también saben todo eso, y lo hacen mejor. Mi habilidad nada significa."

Tina no puede emplear su creciente capacidad para realzar su imagen de sí misma. Al sentirse indigna de que la quieran, *tiene que* concentrarse en sus debilidades, y no en sus puntos fuertes. De este modo, todo adelanto es para ella un logro sin contenido. Su baja autoestima se perpetúa a sí misma. Presa de la pesada tarea de autoadoctrinarse una y otra vez, se alimenta con lo que está mal. A menos que su convicción acerca de sí misma cambie, su neurosis tenderá a empeorar con la edad, ya que su colección de pruebas contra sí misma aumentará año tras año. En cambio, si Tina hubiese recibido una corriente subterránea de confirmaciones por parte de sus padres, estaría ahora en condiciones de reconocer su creciente capacidad, ya que los éxitos concordarían con su creencia básica en su propio valor.

Una ventaja adicional del sentirse digno de ser amado reside en que la confianza en su propia persona permite al jovencito *aceptar su falta de ciertas habilidades sin peligro para su autoestima.* Puesto que gusta de sí mismo, Marcos no se siente obligado a ser perfecto. Los defectos propios *no* representan para él pruebas de ineptitud personal, sino zonas de crecimiento. La baja autoestima de Julieta, en cambio, se debe a que esta usa cada una de sus debilidades como arma contra sí misma. Espera alcanzar la perfección en todo y, por lo consiguiente, nada de lo que hace le parece aceptable.

La baja autoestima se encuentra ligada con el planteo a uno mismo de exigencias imposibles de cumplir.

Todos conocemos alguna de esas personas que parecen casadas con sus propias ineptitudes. Es asombrosa la forma en que realizan contorsiones mentales para poder ignorar toda prueba de su propia eficacia. Tenemos así a la niña convencida de ser tonta, aunque los tests de inteligencia demuestren que es brillante; a la hermosa mujer que se cree fea; al hombre que ve rechazo para sí en situaciones que los demás interpretan de otras maneras, y a la persona altamente capacitada que siempre se detiene antes de llegar a la meta, con el fin de alimentar su convicción de ser inepta. Sean cuales fueren los hechos, tales individuos no pueden creer que ellos tengan algo que ofrecer. ¿Por qué? Porque una vez fraguada nuestra autoimagen, la necesidad de coherencia interna nos insta a protegerla y conservarla.

Si quienes poseen baja autoestima admitiesen los reflejos positivos, tendrían que modificar sus conceptos fundamentales acerca de sus propias vidas. Y ello implicaría replantear su creencia básica acerca de sí mismo, en virtud de la cual se sienten indignos de que los quieran.

El tener que abandonar la única identidad que uno conoció

durante años es una empresa que turba a cualquiera, por insatisfactoria que fuere dicha identidad. La vida con lo conocido es mucho más segura; no importa lo desagradable que pueda ser. La persona que se aferra a una identidad negativa no hace sino protegerse contra grandes cambios. Y el cambio es algo que toda persona con baja autoestima ve con ojos de alarma y desconfianza. En efecto, todo cambio involucra probar lo nuevo, aventurarse en lo desconocido, renunciar a la seguridad de lo familiar.

El individuo acostumbrado a vivir en el rechazo y el fracaso se siente especialmente amenazado por semejante perspectiva; ello es comprensible, ya que lo nuevo puede acarrearle más frustraciones, y él ya ha tenido todas las que puede soportar, y hasta más. Por lo contrario, quienes han tenido experiencias pasadas positivas tienen razones para creer que los cambios producen cosas buenas.

En ocasiones, encontramos niños (y adultos) cuyo autoconcepto parece haberse fijado en sentido positivo. Se trata de sujetos que actúan como si ellos fuesen "un regalo de Dios a la humanidad". Tampoco esta autoimagen es la justa, ya que el ser humano perfecto no existe. Pero los individuos en cuestión rechazan toda prueba de sus imperfecciones. (Recordemos que la alta autoestima no significa engreimiento.)

Este autoconcepto aparentemente positivo es, en realidad, la máscara de sentimientos profundos de incapacidad. Por falta de una imagen realista de sí mismo, estas personas entran en conflicto con los demás y con su entorno. Puesto que se niegan a admitir sus propias debilidades es obvio que no podrán corregirlas.

Consideraciones específicas sobre la rigidez autoconceptual

Pasemos revista a algunas preguntas que podríamos plantearnos acerca de los autoconceptos rígidos.

¿Puede cambiarse la actitud de una persona convencida de no ser digna de amor?

Por cierto que sí. Recordemos que el autoconcepto se *aprende* y no se hereda. Ello significa que las actitudes hacia uno mismo se pueden alterar en sentido positivo. Sin embargo, la condición principal para que se produzca semejante cambio consiste en que se presenten *experiencias positivas* con la gente y con la vida. Para sentirse apreciable, el niño debe recibir aceptación de quienes lo rodean (véase Segunda Parte); para sentirse competente y valioso, debe *experimentar* el éxito que le acarrean sus esfuerzos.

Cuando un niño posee mala opinión de sí mismo, es fácil creer que ha de estar arruinado de por vida. Sin embargo, no es así. Todo ser humano cuenta con una asombrosa capacidad para adecuarse, resurgir y crecer. Los profesionales dedicados a orientar a la gente que se encuentra en dificultades quedan a menudo atónitos ante lo bien que reaccionan sus pacientes, pese a lo que se podía suponer al principio.

Aunque el niño haya tenido muchas experiencias negativas, su respuesta es casi siempre buena cuando se lo coloca en un clima de confirmación, "iluminado" por reflejos positivos. Los archivos de los psicoterapeutas están llenos de informes acerca de niños (y adultos) que, con sólo una hora semanal de esta "iluminación", logran enormes cambios en sus autoimágenes. Conviene meditar sobre este hecho: *sólo una hora* de las aproximadamente cien que componen la vigilia semanal puede bastar, al cabo de un año o dos, para que el niño modifique su autoimagen. ¡Qué testimonio de la inmensa capacidad de reeducación del ser humano! ¡Y qué prueba, también, de que, para florecer, al hombre le bastan unos pocos minutos de "luz" por semana!

Los padres que modifican su actitud y comienzan a brindar reflejos nutricios a sus hijos observan en estos, aunque hayan llegado ya a la adolescencia, cambios sorprendentemente positivos en períodos relativamente breves. Por otra parte, es frecuente que, sin que se registren cambios en el entorno del hogar, los niños con baja autoestima den importantes pasos hacia su elevación cuando entran en contacto con maestros, parientes o amigos que les proporcionan un clima adecuado.

¿A qué se debe el que ciertos niños desarrollen conceptos rígidos en cuanto a su propia incapacidad?

Uno de los factores que determinan este fenómeno puede ser la herencia. Quienes tienen más de un hijo probablemente hayan observado que las palabras y tonos que emplea con ellos tienen más efecto sobre unos que sobre otros. En virtud de sus sistemas nerviosos, algunos jovencitos son más sensibles que otros a todo lo que los rodea: la apariencia de las comidas, la luz, el color, el sonido, la aprobación y la desaprobación. Cada niño posee una conformación genética única, y reacciona de acuerdo con ella. Algunos tienen menor capacidad para sobrellevar los golpes de la vida. El de sensibilidad menor puede asimilar más experiencias negativas sin sentir el daño; lo que hace es, simplemente, reaccionar con menos intensidad.

Por otra parte, la rigidez de la baja autoestima depende de cómo han sido de *tempranos, frecuentes e intensos* los reflejos negativos recibidos, y *de la cantidad de fuentes distintas que producían* tales reflejos.

¿A qué edad se establece la rigidez?

Como hemos visto, el niño tiene ya opinión formada acerca de sí mismo como persona hacia los cinco años de edad. El que dicha opinión se haga rígida en ese momento o después depende de muchos factores: la herencia, las experiencias y la forma en que el individuo elabore una y otras. Por lo demás, para que la rigidez tenga lugar es necesario que se conjuguen varios factores. *Ningún factor aislado o experiencia única* genera la rigidez por sí solo, pese a lo que suele pensarse de cosas tales como acontecimientos, películas y novelas dramáticos.

¿Cuánto tarda la rigidez en suavizarse?

Esto depende del individuo. En general, puede decirse que la modificación del disgusto por uno mismo se opera tanto más rápidamente cuanto menos sean los factores hereditarios conexos que incidan sobre la persona, menor sea el niño cuando comienza a recibir reflejos positivos y mayor sea el número de tales reflejos. Por otra parte, ciertas defensas producen más dolor que otras. Cuanto más penosas sean las defensas particulares del niño en cuestión, en mejores condiciones se hallará este para *querer* alterar su actitud básica hacia sí mismo.

¿Sólo es posible quebrar la baja autoestima mediante ayuda profesional?

La psicoterapia puede hacerse necesaria cuando la actitud negativa se encuentra firmemente arraigada. Pero, como lo demuestra el caso del señor W., que relataremos a continuación, las experiencias de la vida suelen brindar por sí solas los ingredientes terapéuticos necesarios para el crecimiento positivo.

En términos generales, el señor W. se sentía conforme con su propia persona. A los cincuenta años de edad, sin embargo, le tocó en su trabajo un supervisor sencillamente imposible de satisfacer. Transformado en blanco predilecto de las críticas de aquel jefe, el señor W. fue perdiendo lentamente la fe en sí mismo, y se puso tenso, retraído y reservado. Tras tolerar siete años de aquel clima negativo, decidió cambiar de empleo. Sus nuevos superiores dieron clamorosa bienvenida a las ideas y la experiencia del señor W., a quien consideraron de inmediato una verdadera adquisición para la empresa. Recuperada la confianza en sí mismo, el señor W. volvió a ser un hombre cálido, abierto y sereno.

Esta experiencia constituye un ejemplo típico del poder de los espejos sobre la autoestima. Los reflejos negativos pueden desgarrarla, y los positivos hacer que se recupere. El mismo caso ilustra también la forma en que el trato y los afectos que recibimos influyen sobre nuestra visión de nosotros mismos y sobre nuestro comportamiento. Al mismo tiempo, pone de relieve el hecho de que un acontecimiento tan simple como lo es un cambio ventajoso de empleo pueda tener tanto valor terapéutico como cientos de horas de atención profesional.

Muchas madres que hicieron de sus hijos el único interés de sus vidas han atravesado experiencias similares. Cuando el hijo llega a la edad de alejarse del hogar, ellas se sienten repentinamente innecesarias y sin importancia. Su autoconcepto pasa a ser el de quienes tienen ya muy poco que ofrecer, y esta nueva posición les acarrea una baja en la autoestima. Pero cuando se empeñan activamente en trabajos o entretenimientos significativos, recuperan el sentido de su valor personal. Al sentir que vuelven a importar, encuentran una alegría renovada en sus vidas.

Ocurre a menudo que las personas que se jubilan de empleos que fueron importantes en sus vidas sufren un desmedro en su autoestima, a menos que hallen nuevas actividades que les brinden satisfacción.

Son muchas las circunstancias que impiden el desarrollo de la baja autoestima: la familia que comprende y acepta, el maestro que respeta la persona del alumno, el trabajo particularmente adaptado al talento del individuo, el amigo o el cónyuge cálido y capaz de dar respaldo, la filosofía religiosa significativa, la actitud introspectiva y no conformista en torno de los conceptos básicos que uno tenga de sí mismo, las lecturas importantes, la psicoterapia individual o de grupo. Todas y cada una de estas situaciones han ayudado a mucha gente a escapar de la trampa de la subvaloración de sí mismos.

Toda situación vital que hace que el individuo se sienta personalmente más valioso —o sea que confirma su valor como persona única— estimula la elevación de la autoestima.

Así pues, la rigidez obstaculiza el crecimiento y limita el desarrollo de las capacidades potenciales.

Cuando el niño gusta de sí mismo, puede asimilar las nuevas pruebas acerca de su valor como persona que se le presentan a medida que crece. Sabe que posee posibilidades no desarrolladas, y no teme exponerse a experiencias nuevas. De este modo, su capacidad potencial encuentra ocasiones para realizarse. El que, en cambio, se siente básicamente indigno de amor, se aferra a su identidad negativa y pasa por alto las pruebas de su aptitud cuando estas le llegan. Recién cuando se disipe su odio por sí mismo estará en libertad para crecer.

En cierto sentido, la autoestima elevada puede compararse con una póliza de seguros: ella constituye nuestra mejor garantía de que el niño empleará su capacidad de la manera más fructífera, y permanecerá abierto a los cambios. Es de suprema importancia el que revisemos nuestros espejos, para controlar la calidad de las imágenes que devolvemos. En última instancia, podremos "pulirlos", para evitar que nuestros hijos caigan en la trampa de la baja autoestima.

6

PULIMENTO DE LOS ESPEJOS
REPRESENTADOS POR LOS PADRES

Los filtros de la visión

En cierta medida, todos vemos a nuestros hijos a través de un conjunto de filtros que proceden de nuestras experiencias pasadas, nuestras necesidades personales y nuestros valores culturales. Todos ellos se combinan para formar una red de expectativas. Y

estas expectativas se transforman en las varas con que medimos a los niños.

Para pulir el espejo que representamos como padres, el primer paso consiste en saber *qué* esperamos, y *por qué*. Pasemos revista a algunos filtros corrientes, y veamos de qué manera afectan nuestra actuación como progenitores.

La inexperiencia

Puesto que cada niño es diferente de los demás, todos tenemos, en cierto grado, el filtro de la inexperiencia ante los ojos cuando debemos mirar a cualquiera de ellos. Lo corriente es, sin embargo, que notemos este fenómeno con mayor agudeza ante nuestro primer hijo. La señora B., por ejemplo, estalla cuando, después de la siesta, encuentra el cuarto de su hijo en el caos. Y dice a su vástago, en términos que no dejan lugar a dudas, que él es una mala persona. Pocos años después, el tremendo desorden que deja su tercer hijo ya no le llama la atención. Todo lo contrario: si encontrase el cuarto más o menos pulcro, sospecharía que el chico está enfermo. La mera experiencia con los niños en edad preescolar y la capacidad de adaptación a la realidad de la señora B. han cambiado sus expectativas. Lo que hace es medir el comportamiento de su hijo con la vara de la experiencia, y considerarlo normal. En ambos casos, sus reacciones surgen de sus expectativas.

Las pautas prestadas

Muchas de nuestras expectativas son cosas que tomamos prestadas en forma irreflexiva. Un concepto muy divulgado supone que el niño silencioso es un "buen niño". Y nuestra aceptación del pequeño varía en relación inversa con su nivel de producción de ruidos.

De hecho, tomamos como guías muchísimas de las expectativas que nuestros padres tuvieron respecto de nosotros. Estas imágenes prestadas nos permiten actuar sin razonar, indagar ni experimentar los modos naturales de los niños. Semejante actitud acaso sirva para ahorrar energías, pero puede resultar cara.

Los esquemas que adoptamos de nuestra cultura forman legión. "Los varones no deben llorar"; "Las niñas juegan con muñecas, pero los niños no deben hacerlo"; "Los hermanos deben quererse siempre el uno al otro"; "Los niños jamás deben enojarse con sus padres"; "Los varones deben ser atletas", etcétera. Medimos constantemente a nuestros hijos de acuerdo con estas pautas hechas a propósito, sin importarnos la falta de realidad que pueda haber en ellas.

Los padres de clase media asignamos gran valor al rápido progreso escolar, al respeto por la propiedad, a la pulcritud, a la sociabilidad y al control sexual. Por deseables que fueren estos objetivos, el hecho de esperar que los niños adopten conductas semejantes cuando no tienen aún la edad apropiada, o que las apliquen en todo momento o que las aprendan a la primera, segunda o tercera indicación, hace que nuestra aprobación se condicione a lo imposible. De esa manera, ponemos a nuestros hijos a correr tras metas inalcanzables, cosa que corroe la autoestima. La visión que cada niño tenga de sí mismo se verá afectada por la precocidad y la velocidad que se le exija en la adopción de estas pautas de comportamiento.

Nuestros anhelos insatisfechos del pasado

Algunas de las expectativas que desarrollamos en torno de los niños tienen el fin oculto de satisfacer nuestros propios anhelos no cumplidos de la infancia. Tal el caso de una madre que, con lágrimas en los ojos, comentó con el consejero de la escuela secundaria a que concurría su hija el siguiente episodio: "Ahorré durante meses para comprar a Graciela un conjunto de suéter y falda de lana de cachemira, y tuve que cambiarlo porque ninguna de sus amigas usaba cosas de ese tipo. Cuando yo tenía su edad, hubiera dado cualquier cosa por tener prendas así. ¿Qué error cometí al criarla, para haberla hecho tan ingrata?"

Esta madre esperaba la gratitud de su hija por obra de un sueño no cumplido en su propia juventud. Ese deseo insatisfecho le impedía advertir que las necesidades de su hija eran distintas de las de ella.

Nuestros anhelos insatisfechos del presente

También solemos tratar a nuestros hijos en forma tendiente a satisfacer nuestros anhelos de la actualidad. La señora T., por ejemplo, ansía obtener la aprobación de los demás. Así, cuando recibe la visita de personas afectas a la disciplina estricta, ella se comporta como un dictador para sus hijos. Si, en cambio, el visitante es alguien inclinado a la complacencia extrema, los niños podrán incurrir en toda clase de faltas sin que su madre les dirija la menor observación. En suma, las reacciones de la señora T. ante las acciones de sus hijos —reacciones estas nacidas de un anhelo insatisfecho del presente— dependerán de quiénes se encuentren presentes.

El que desea obtener status y no lo logra por sí mismo puede, inconscientemente, empujar a sus hijos para que estos llenen ese vacío. Tal vez pretenda que ellos obtengan siempre las mejores calificaciones, que sean los mejores alumnos de sus grados, o que resulten electos para ocupar cargos, con el fin de recibir él la gloria reflejada por tales logros. Esta actitud pondrá al niño en la obligación de recolectar distinciones para satisfacer las necesidades de su padre o madre. En sentido inverso, también suele ocurrir que padres acostumbrados a recibir honores sientan que el brillo de su estrella se empaña cada vez que sus hijos resultan algo menos que sobresalientes, debido a que consideran a sus hijos sus extensiones, y no individuos aparte. La expectativa de estas personas consiste en que todo lo que provenga de ellas ha de relumbrar con brillo idéntico al de ellas.

Las insatisfacciones de nuestra relación matrimonial constituyen otro conjunto de filtros. Quien no se siente amado o respetado por su esposa o esposo cae fácilmente en la trampa de manipular a sus hijos de manera que satisfaga la necesidad resultante, y de no quererlos cuando ellos no logran semejante objetivo. Cuanto más satisfactorio es el matrimonio de una persona, menos probable será que esta espere que sus hijos cumplan esa función de relleno.

Los conflictos no resueltos.

Es común que esperemos de nuestros niños realizaciones que nos ayuden a resolver conflictos no resueltos de nuestra propia infancia. La mayoría de las personas cría a sus hijos de acuerdo con sus propias necesidades, y no con las de aquellos. No por inquietante es este hecho menos real.

Cuando niño, el señor P. tuvo que sostener una batalla sin tregua con su dominante hermano mayor. Nunca logró avenirse con él pero tampoco dejó de tener la necesidad de sentirse su igual. Sin embargo halló tiempo después una espléndida oportunidad para equilibrar la disparidad que lo molestaba desde la infancia; lo hizo, sin darse cuenta, a expensas de su propio hijo mayor. Cada vez que este dominaba a su hermano menor, los recuerdos del señor P. se desencadenaban en forma de castigos físicos exagerados contra su primogénito. El padre no tenía conciencia del porqué de su reacción, y tampoco la tenía su hijo mayor, receptor de la peor parte del conflicto no resuelto. Pero la historia inconclusa del primero afectó la autoestima del segundo.

Para medir lo que es capaz de hacer, el niño emplea las pautas de sus padres. Estima así la medida en que se adapta a las expectativas de aquellos, y de esta comparación extrae conclusiones acerca de su propio valor.

Las expectativas demasiado elevadas constituyen una de las pautas básicas de los hogares de los cuales provienen los alcoholistas adultos. Al comprobar que sus realizaciones nunca son lo suficiente, la persona llega a la conclusión de ser inútil; y por sentir que carece de recursos internos de algún valor, se vuelve hacia el alcohol porque este le brinda, a manera de muleta externa, cierto sentido de aptitud. La fuerte dependencia y la baja autoestima lo guían por un camino que desemboca en la autoderrota.

Los niños que se atrasan en los estudios proceden, en su mayor parte, de hogares en que existe presión constante para el logro de más y mejores realizaciones. Los padres que nunca dejan de acicatear a sus hijos no hacen más que comunicarles indirectamente la poca fe que tienen en ellos y en su capacidad para igualar a sus semejantes.

A menudo nos sentimos decepcionados sin notar que nuestras expectativas son demasiado elevadas o demasiado rígidas para cierto niño en *cierta* edad y en *ciertas* circunstancias. Y nuestra decepción actúa como las termitas: devora los cimientos del autorrespeto, y hace que se derrumbe el edificio de la autoestima.

Los niños ponen rara vez en tela de juicio nuestras expectativas; en cambio, dudan de su propia aptitud personal.

¿Significa esto que para no dañar la autoestima de nuestros hijos tengamos que dejar de lado toda clase de expectativas en torno de ellos? *De ninguna manera.* Tal como las expectativas demasiado exigentes hacen que el jovencito se sienta en falla perpetua, la *falta* de expectativas se traduce en algo así como: "¿Para qué esperar algo de ti? Es probable que no pudieras hacerlo, de todos modos." Semejante falta de fe borra en el niño todo sentimiento del propio valor.

El niño siente la fuerza de dichas expectativas, y estas afectan directamente su visión de sí mismo. Robert Rosenthal, psicólogo de la universidad de Harvard, observó que niños cuyos maestros confiaban en la capacidad de aprender de sus alumnos se esforzaban hasta alcanzar el equivalente de aumentos de entre quince y veintisiete puntos en el Coeficiente de Inteligencia (CI). La valoración no verbal constituía un reflejo positivo para cada uno de aquellos niños, que gracias a ella podía decirse "Puedo hacer". La fe del maestro se transformaba en fe del niño. *La línea correcta a seguir consiste en combinar expectativas realistas con una cálida confianza en el niño.*

La aprobación condicionada ("Adáptate a mis planes o arréglatelas sin mi amor") lesiona el autorrespeto. La contextura física hace de Miguel, por ejemplo, un muchacho tranquilo y apegado al estudio; sin embargo, está siempre alerta a la preferencia de su padre por los atletas destacados. Para obtener aprobación, Miguel debe renunciar a sus inclinaciones naturales, y luchar para adecuarse a la imagen que su padre tiene de un hijo digno de amor.

La fe del niño en sí mismo constituye la substancia que le permitirá florecer. Cuando debe inclinarse ante expectativas que no tienen en cuenta su naturaleza esencial, su autorrespeto se resiente. Para ser fiel a sí mismo, debe mantener la integridad de su condición de ser único; y esta fidelidad constituye la raíz más profunda de su estabilidad. El sometimiento a expectativas contrarias a la propia naturaleza coloca siempre al individuo en inferioridad de condiciones. Las expectativas rígidas y no realistas que se le imponen equivalen a pedirle: "Sé como yo necesito que seas. No seas tú".

La confianza del niño en sí mismo debe referirse a lo que *él* es realmente, y no a las imágenes de los demás.

La tragedia de la pérdida del yo.

Del resumen de una entrevista entre un adolescente y un consejero escolar obtuvimos un ejemplo tan elocuente como trágico de joven enfrentado con el dilema de cumplir las expectativas no realistas de sus padres o verse desprovisto del aprecio de aquellos.

Este muchacho, que tenía quince años y padres con normas rígidas, autoritarias y de ningún modo adecuadas a la naturaleza de su hijo, declaró lo siguiente: "Estoy resignado por completo. Con mis padres, nada puedo hacer. Tampoco puedo cambiarlos, de modo que tendré que cambiar yo. Todo lo que yo siento o deseo ser... no significa otra cosa que problemas. No me queda otra alternativa que seguir el camino de ellos.

"Por supuesto que existen otros chicos completamente manejados por sus padres, de modo que no voy a ser el único. Pero, ¿sabe usted una cosa? Yo creo que en esos chicos algo muere, de alguna manera. Siento que yo también morí hace mucho tiempo... Pienso que morí al nacer. Mi verdadera forma de ser no puede gustarle a mi familia, ni a ningún otro. ¿Qué puede hacer uno para deshacerse de lo que es?"

Este adolescente se resignaba, con tristeza, a seguir el camino que le habían señalado. En ningún momento se le ocurrió dudar de la sensatez de las expectativas de sus padres, y así llegó a la conclusión de que era él quien carecía de fundamento. Esta es la tragedia de la pérdida del yo.

Sin embargo, era conmovedoramente consciente de que cuando los jóvenes toman una decisión como la suya sufren la muerte psicológica. Y se manifestaba dispuesto a cometer ese "suicidio" para disfrutar de aceptación y paz aparentes. Emociona el ver cómo, aun en medio de su inmadura ingenuidad, había hallado una profunda verdad psicológica: son muchos los niños y los adolescentes que no sobreviven a la tiranía de las imágenes que de ellos tienen sus padres.

Las expectativas que no tienen en cuenta la índole del niño plantean a este el dilema de ser o no ser él mismo. Si opta por adecuarse a nuestras imágenes, rechaza su propio ser; y durante todo el tiempo que dure ese rechazo, el individuo es una persona hueca, una copia de las expectativas de los demás. De esta manera, resulta despojado de la posibilidad de transformarse en la única persona para llegar a ser la cual fue creado: *él mismo.*

Los dilemas dobles

Muchos niños enfrentan dilemas dobles, cuando sus padres poseen imágenes distintas de cómo ha de ser un hijo digno de que lo quieran.

Para el señor R., un hijo aceptable debe ser emprendedor y agresivo. La señora R., en cambio, prefiere que los niños dependan de ella y necesiten sus atenciones. El hijo de ambos saldrá perdedor, sea cual fuere la imagen que trate de imitar. Mientras tanto, su personalidad innata bien puede perderse en la confusión.

Fórmula de la dependencia

Imaginemos a una persona (que bien puede ser cualquiera de nosotros) cuyos esquemas son tales que su hijo puede adaptarse a ellos, aunque sólo a costa de grandes esfuerzos. Esta persona elaborará proyectos completos de los sentimientos, actitudes, valores y metas que caracterizarán a su hijo. Sabe de todo más que él, de modo que le enseñará a *no* prestar atención a sus propios impulsos. De esta manera, creará un títere dependiente en alto grado, que ha de moverse de acuerdo con la forma en que la persona de nuestro ejemplo tire de las cuerdas. ¿Cuál será la gratificación del niño sujeto a estas condiciones? La aprobación de quien lo maneja. (Recordemos que la aprobación es, en particular para los niños pequeños, tan esencial como el aire que respiramos.) Así las cosas, el jovencito en cuestión pondrá su propio centro de gravedad fuera de sí mismo. Sus reacciones quedarán en manos de los demás, y su confianza *en sí mismo* jamás tendrá ocasión de florecer. Las imágenes rígidas y las expectativas estrictas impuestas por los padres constituyen grandes obstáculos en el camino de los niños hacia su propio ser. Ellas son la causa de la "pérdida del yo".

Los niños dependientes en grado elevado no pueden transformarse repentinamente en adultos emocionalmente maduros y confiados en sí mismos. Esto hace que la exagerada dependencia de buena parte de nuestra población perjudique a los países en que vivimos. La democracia exige adultos seguros de sí mismos y dotados con el valor que da la confianza en las propias convicciones. Los niños que poseen alta autoestima cuentan con ese valor. Por disponer de sus energías para la solución de problemas externos a sí mismos, están en condiciones de hacer significativos aportes a la sociedad. Y nuestra sociedad no puede prescindir de ellos.

Las expectativas realistas

Puesto que tanto las pautas de exigencia demasiado elevadas

como las demasiado bajas dañan el autorrespeto, resulta obvia la necesidad de comprobar en qué medida se ajustan a la realidad las que cada uno de nosotros sustentamos. ¿Cómo hacerlo?

Las expectativas con mayor probabilidad de ser las correctas son aquellas que se fundan en los hechos del desarrollo infantil, la observación aguda y la consideración de las presiones pasadas y presentes que operan sobre el niño.

Nadie puede saber qué es razonable esperar, a menos que se encuentre familiarizado con lo que son los niños *en general*. Los padres del pequeño Teodoro esperaron siempre tener en su hijo una miniatura de adulto, y no un niño. Se enojaban cuando él no podía tolerar largas excursiones planeadas en su beneficio, o largas esperas para que le sirvieran. su comida en los restaurantes. Les disgustaba el ver que, a una semana de estrenados, los zapatos y los pantalones de Teodoro quedasen reducidos a harapos con toda la apariencia de no haber sido nunca prendas de buena calidad. Y tampoco podían comprender que al niño le costase tanto conciliar el sueño a la hora habitual cuando lo llevaban con ellos de visita a casa de sus primos. Estas situaciones comunes e insignificantes —mezcladas con muchas otras— daban a Teodoro dosis diarias de reflejos negativos. Nadie era culpable: se trataba, simplemente, de que sus padres no estaban familiarizados con el comportamiento de los niños.

Y no basta saber cómo son los niños. También es necesario conocer el trabajo de desarrollo que los solicita en cada etapa de su crecimiento, para evitar que nuestras expectativas choquen con las exigencias de tal crecimiento.

Además, ni siquiera el conocimiento de lo que el niño promedio es o no capaz de hacer alcanza para dar realidad a nuestras expectativas. En efecto, nadie vive con el niño promedio. (¡Y cuánto más simple sería la vida si pudiéramos hacerlo!) Cada niño imprime su propia distorsión especial a la pauta general del crecimiento. Y *debemos* estar atentos a este hecho. Quien pretende aplicar a todos los niños un trato uniforme olvida el respeto que se debe a la individualidad. Resulta útil conocer las tendencias básicas de los niños de cuatro años cuando nuestro hijo tiene esa edad, pero debemos estar atentos a la forma en que este último encara la etapa del desarrollo en que se encuentra. *La observación estrecha es indispensable.*

Expectativas adecuadas son aquellas que tienen siempre presentes las presiones ejercidas sobre el niño en el pasado y en el presente, la mayoría de nosotros tiende a hacerlo, por lo menos en buena medida.

"Las calificaciones de Guillermito bajaron durante el último período escolar pero, ¡cuánto le costó aceptar la muerte de su abuelo! ¡Eran tan unidos! "

"Danielito ha comenzado otra vez a chuparse el pulgar, pero no me sorprende: se está adaptando a la presencia de su nuevo hermanito."

"Inés está muy gruñona últimamente; ocurre que este año tiene más competencia en la escuela. Estaba acostumbrada a ser la estrella del grado, y ya no lo es más. Debe ser duro para ella."

Todas estas frases pertenecen a padres que adaptan su actitud a la consideración de las presiones que soportan sus hijos. El saber que *toda conducta es una consecuencia* y el revisar periódicamente el mundo de nuestro hijo desde el punto de vista *de él* nos ayudará a prever lo que podemos esperar. Cuando las presiones internas y externas son elevadas, todos advertimos desviaciones en quienes viven con nosotros.

Inventario de las expectativas

Puesto que nuestras expectativas afectan nuestra calidad como "espejos", es necesario que las examinemos. Si nos observamos por dentro, tal vez descubramos uno o más de los muchos filtros que afectan nuestro comportamiento con nuestros hijos. Eso nos permitirá manejar tales filtros, en vez de reaccionar ciegamente en nombre de expectativas que sólo tienen en cuenta nuestras necesidades.

Un ejercicio útil consiste en observar durante algunos días la forma en que nos conducimos con cada uno de los niños que conviven con nosotros. Al mismo tiempo, trataremos de identificar lo que esperamos de ellos en cada caso y registrarlo por escrito, para luego analizarlo a la luz de las siguientes preguntas:

¿Por qué tengo yo esta expectativa?
¿De dónde la obtuve?
¿Qué significa para mí?
¿Se funda en mis necesidades o en las del niño?

¿Qué fines persigue?

¿Se adapta a la realidad de este niño en particular, de acuerdo con su edad, temperamento y trasfondo?

Llevados a cabo con honestidad, los inventarios de esta clase son muchas veces el primer paso de cambios positivos. El dolor que puedan causar se alivia cuando se tiene presente que lo que está en juego es la autoestima de nuestros hijos.

Uso del inventario

El siguiente paso consistirá en examinar nuestras expectativas para determinar cómo es de justa cada una de ellas; qué significan en realidad para nosotros y para el niño.

Tal vez, por ejemplo, insistamos en que nuestro hijo tome desayunos copiosos, mientras que él los prefiere ligeros. Al examinar nuestra expectativa, acaso notemos que el niño come bien en el almuerzo, la cena y la merienda. Que rara vez se enferma, y que su peso es el normal. Resultado de esta comprobación: podremos liberarnos de una norma que hemos tomado irracionalmente de los demás.

Busquemos ahora expectativas que sólo tienen en cuenta nuestras necesidades personales. El señor y la señora J., por ejemplo, se oponían tenazmente a que su hijo siguiese un curso de pilotaje de aviones. Hubieran tolerado que se dedicase a cualquier otra actividad, pero no a esa. El profesor secundario a cargo del club de aeronáutica de los muchachos comunicó al matrimonio J. que nadie en el curso respectivo demostraba mayor interés y talento que el joven J. Tras muchas discusiones, aquellos padres enfrentaron la realidad: su expectativa nacía del hecho de que ambos temían los viajes aéreos. Y decidieron que su hijo tenía el derecho de vivir su propia vida, sin que lo estorbasen los temores de sus progenitores. Por consiguiente, no sólo dejaron de oponerse, sino que pasaron a dar apoyo al verdadero talento del muchacho.

Para que nuestros hijos lleguen a ser personas fuertes, debemos ser capaces de liberarnos de toda imagen que no se adapte al hecho de que cada uno de ellos es una persona única. ¿Podemos dejar de soñar en que se haga ingeniero nuestro hijo, al que apasionan los animales?

¿Debe Beatriz continuar yendo a campamentos, cuando esa

actividad le desagrada? ¿Tiene Tomás que estudiar música porque *uno* opina que esa es una buena idea?

Cada uno de nosotros posee necesidades que no es posible descartar como cosas sin importancia. Pero debemos satisfacer tales necesidades con nuestro propio esfuerzo. De lo contrario, correremos el riesgo de exigir inadvertidamente a nuestros hijos que llenen ese vacío.

Uno debe preguntarse a sí mismo: ¿Me siento querido? ¿Recibo, en mis relaciones con otros adultos, la sensación de haber alcanzado logros personales, reconocimiento y correspondencia por parte de los demás? (Esto no quiere decir que los niños no nos den amor y sentimiento de correspondencia y de logros personales; por fortuna, lo hacen. Pero el hecho es que no se los debe agobiar con la carga de ser nuestros únicos proveedores de tales satisfacciones.)

Analicemos también cada una de nuestras expectativas, para comprobar si hay o no entre ellas algunas destinadas a saciar nuestros apetitos ocultos, deseos insatisfechos y cuestiones no resueltas. Seamos cuidadosos en esta tarea, ya que resulta muy fácil disfrazar las propias necesidades en forma de necesidades de nuestros hijos.

Maternidad y paternidad significan *nutrición*; dar a los niños las "comidas psicológicas" que les sirvan para desarrollar el autorrespeto. Y este trabajo se realiza mejor cuando uno mismo no es un hambriento psicológico, o sea cuando uno satisface sus propias necesidades con el propio esfuerzo.

Nos nutrimos con lo que abunda y no con lo que escasea.

Cuanto más satisfecho se siente uno como persona, menos utiliza a sus hijos como cubierta protectora.

Quien descubre que usa a sus hijos como fuente principal de satisfacción necesita hacer algo que varíe esa situación. La simple conciencia del hecho suele bastar para impulsarnos a la acción correctora. Cuando no es así, el alivio deberá provenir de la ayuda profesional.

Tiempo atrás, era corriente que la gente creyese que la psicoterapia es algo reservado para los enfermos mentales. Hoy, en cambio, es cada vez más frecuente el considerar que el consejo profesional constituye una experiencia capaz de liberar a las personas de la autoestima escasa y las expectativas rígidas, y

74

ayudarlas a desarrollar su capacidad potencial de lograr vidas más plenas y ricas. La terapia individual y de grupo, los cursos de educación para padres y los de desarrollo de la potencialidad personal atraen contingentes cada vez mayores de personas que no son enfermos mentales, sino individuos conscientes de que aún pueden crecer.

Nadie puede dar lo que no tiene

La señora L. confió a su vecina: — ¡Si ese hijo mío no empieza de una buena vez a hacerse valer, creo que voy a estallar!

La vecina, que conocía a la señora L. desde tiempo atrás, le respondió: —Dele tiempo; sólo tiene cuatro años. Y además, me extraña que diga eso usted, que permite que todo el mundo le pase por encima.

—La cuestión es, justamente —reveló la señora L.—, que no tolero ese defecto en mí misma, y aborrezco ver que él también lo tiene.

Nuestras actitudes hacia los demás se relacionan en forma inextricable con las que tenemos hacia nosotros mismos. Como dijo Frederick Perls, "Uno hace a los demás lo que se hace a sí mismo". Quien es duro consigo mismo, lo es también con los demás; el que se acepta, en cambio, es capaz de aceptar a otros. Cuando nos ponemos en paz con nuestras propias hostilidades, nos sentimos menos amenazados por las hostilidades que provienen del exterior. Así, pues, *la capacidad de las personas para reafirmar a los niños depende de la que tengan para reafirmarse a sí mismas.*

El camino de la autoaceptación

Puesto que vemos a los demás —en especial a los niños— a la luz de las actitudes que reservamos para nosotros mismos, la revisión de las imágenes reflejas que damos debe abarcar el análisis de la propia autoestima. ¿Qué respuesta damos a la pregunta: "¿Quién soy?"

Conviene escribir acerca de los sentimientos personales que uno tiene respecto de sí mismo, sobre la base de las siguientes preguntas: ¿Qué clase de persona soy? ¿Qué cualidades creo poseer, y qué pienso de ellas? ¿Me alegro, básicamente, de ser yo mismo, o preferiría ser otra persona?

Quien no guste de sí mismo, deberá tener presente que esta actitud es *aprendida*. Recordemos que la baja autoestima no constituye un juicio acerca del propio valor, sino más bien el reflejo de los juicios y experiencias que uno haya recogido. Así, pues, *conservamos siempre el poder de optar* por hacer algo en favor de nuestra autoestima.

Así como no podemos permitirnos el ignorar las actitudes de nuestros hijos hacia ellos mismos, tampoco podemos hacerlo con nuestras actitudes hacia nosotros mismos. Nuestra auto-imagen desempeña un papel de importancia en la calidad de las imágenes que reflejamos. Debemos, pues, examinarla y corre-girla en caso necesario, tal como lo haríamos si, por ejemplo, padeciéramos de cualquier deficiencia glandular.

La corrección de las deficiencias de la auto-imagen es todavía más importante.

Para gustar de sí mismo, uno debe rodearse de personas que lo traten con respeto, y emprender actividades que le brinden la sensación de ser una persona competente y meritoria. Y si su autoconcepto se ha hecho inflexible en el sentido de impedirle aceptar prueba positiva alguna acerca de sí mismo, debe buscar ayuda profesional. Eso puede liberarlo de la baja autoestima rígida.

Pero aunque la compañía de personas que disfrutan de nuestra presencia y el experimentar el éxito puedan ser de gran ayuda para nuestro crecimiento personal, es *crucial* que no permitamos que los espejos constituidos por los demás influyan *por completo* nuestra imagen de nosotros mismos. Todo ser humano nos ha de ver, en cierta medida, a través de sus filtros personales, o sea de sus necesidades propias. Es vital que recor-demos que *la visión que de uno tenga cualquier persona* es sólo *una* de las muchas imágenes reflejadas que se nos ofrecen, y que dicha visión puede no ser siempre acertada. En suma, que los espejos de los demás pueden presentar distorsiones.

El niño emplea a los demás para tener un panorama de sí mismo, y tiende a creer en la imagen reflejada que recibe. Por su parte, los adultos tampoco pueden verse a sí mismos sin la ayuda de los espejos constituidos por los demás. Pero como adultos podemos y *debemos tener presente* que la forma en que otros nos ven puede hallarse distorsionada en alguna medida, vale decir que acaso el espejo que nos presentan no sea del todo fiel en sus imágenes.[1]

Es de esperar que, así como cada vez somos más los que advertimos la importancia de la autoestima, seamos también capaces de tomar medidas positivas para fortalecer nuestra autoestima. Nuestro crecimiento bien vale la pena, no sólo para nosotros mismos, sino también para incontables generaciones que nos han de suceder, ya que nuestros hijos transmitirán su autoaceptación a sus propios hijos, y estos a los suyos. El desarrollo de nuestra potencialidad como seres humanos es una tarea que habremos de encarar durante toda la vida. Ser o no ser totalmente nosotros: he aquí la gran cuestión de nuestras experiencias.

Mientras trabajamos en el mejoramiento de nuestras actitudes hacia nosotros mismos, nuestros hijos no tienen por qué esperar. Corresponde que los expongamos al contacto con otros adultos y niños que disfruten de ellos tal cual son. Y que los alentemos en la realización de aquellas actividades que les brinden éxitos. Si bien es cierto que ellos necesitan disponer de espejos positivos, su autoconfirmación puede provenir, si ello es necesario, de fuentes ajenas a nosotros mismos.

1. La autora agradece a Verne Kallejian por haberle sugerido la inclusión de este párrafo.

II.
EL CLIMA DEL AMOR

7

EL VERDADERO ENCUENTRO

El "material" de la vida

Como todos lo sabemos, los niños necesitan amor. La receta respectiva parece simple y clara: ame usted a sus hijos, y ellos se sentirán dignos de que los amen. Es este un consejo que recibimos a menudo; sin embargo, son incontables los hijos de padres que se preocupan profundamente por ellos y que, no obstante, se sienten *no queridos*. ¿Cómo es posible que esto suceda?

Existe una notoria confusión acerca del significado de la palabra amor. Si se hace usted la prueba de pedir definición de la misma a media docena de personas, lo más probable es que obtenga media docena de respuestas distintas. Pregúnteles cómo creen ellos que se comunica el amor, y volverá a cosechar una amplia variedad de ideas. Algunos jovencitos nunca oyen la frase "Te quiero", pero se sienten profundamente amados. Otros, a quienes se los sumerge en afecto verbalizado, sienten que no los quieren. Así, pues, el consejo "ame a su hijo" deja a los padres en la oscuridad. No les ofrece elementos concretos con los cuales trabajar.

Para poder examinar el clima que proveemos, es necesario que sepamos qué es el amor positivo —o sea, el que sirve como alimento—, y cómo se lo transmite.

El amor nutricio es un interés tierno, que consiste en valorar al niño por el mero hecho de que existe. Se da cuando vemos a nuestros hijos como seres especiales y queridos, *aun cuando tal vez no aprobemos todo lo que hacen*.

Si es esto lo que siente usted por su hijo, su problema principal reside en cómo comunicar tales sentimientos. Es un hecho el que muchos de nosotros sólo tenemos nociones decididamente vagas acerca de la forma en que debe transmitirse este material básico de la vida. Antes de examinar los elementos que transmiten al niño el amor de los demás, importa pasar revista a ciertos errores de concepto corrientes.

Errores de concepto corrientes acerca del amor

Es común que se crea que los padres demuestran su amor cuando se manifiestan afectuosos, dejan de lado repetidas veces sus propios intereses en pro de sus hijos, observan a estos con ojo vigilante, les ofrecen ventajas materiales, invierten en ellos tiempo abundante y los tratan como si fuesen seres especialmente superiores. El hecho es que semejante conducta no siempre hace que los niños se sientan amados.

Si bien el afecto cálido y el contacto corporal estrecho fomentan el crecimiento físico, mental y emocional, estos elementos no garantizan, *en y por sí mismos*, que el niño vaya a sentirse querido. El trato frío e impersonal —en especial cuando tiene lugar durante los primeros años de la infancia— perjudica todos los aspectos del desarrollo; pero la correspondencia afectiva, *sola*, no basta para convencer al niño de que es digno de que lo amen. El necesita mucho más para estar *seguro* de que lo quieren. Abundan los niños de familias afectuosas que no se sienten apreciados.

Tal vez parezca un padre amante aquel que deja de lado sus propias necesidades para atender a las de su hijo. Sin embargo, esta conducta suele enmascarar el egoísmo intenso, la baja autoestima, el temor al conflicto y hasta el rechazo inconsciente. Ocurre a veces que el hecho de sentirse satélites del niño crea resentimiento en los padres, y este sentimiento está sujeto a comunicación mediante el lenguaje corporal. Vivir con sacrificio no es lo mismo que vivir con amor.

Por su parte, el padre vigilante que guía y dirige todos los pasos de su hijo transmite a este la idea de que el mundo está lleno de peligros que el niño no puede afrontar. La sobreprotección equivale más a decir "Eres incompetente" que a decir "Eres digno de amor". Y por ello, menoscaba el autorrespeto.

Se advierte constantemente a los padres que deben pasar más tiempo con los niños. Sin embargo, es la *calidad* y no la *cantidad* del tiempo que se invierte en ellos lo que cuenta para que puedan sentirse amados. El señor H., por ejemplo, emplea muchas horas diarias en acompañar a sus hijos en la realización de pequeñas tareas y en jugar con ellos. En la superficie, su actitud parece prueba de devoción. Pero cuando alguien se detiene a escuchar, oye un flujo constante de comentarios como los siguientes:

"Deja de perder el tiempo Juancito; es tu turno. ¡Juega de una vez! "

"No empuñas esa sierra como es debido. ¿Cuántas veces te dije que la tomes así? "

¿"Por qué pateas la pelota como tu hermano? ¿Cuando vas a aprender a golpearla con el empeine? "

"Ahí volviste a borronear la témpera. Déjame hacerlo a mí. Y por Dios, esta vez, *fíjate* cómo lo hago. ¡Si vas a hacer algo, hazlo bien! "

Las horas que el señor H. dedica a sus hijos están llenas de críticas, faltas de respeto, comparaciones y grandes exigencias. Cuánto más tiempo pasan los niños con él, menos aptos y dignos de que los quieran se sienten. La mera compañía no siempre implica un aporte de amor.

Todos conocemos padres que brindan a sus hijos profusión de beneficios materiales. Con todo, a los hijos de tales personas suele ocurrirles lo que a uno que explicó su situación con las siguientes palabras: "Mi padre se ocupó de que yo tuviera lo mejor de todo. Hasta insistía en que me rellenaran las caries con oro, aunque apenas podía pagar por ello. Pero yo nunca me sentí amado."

Este padre, ¿rodeó a sus hijos de lujos por amor, o para compensar sus propias necesidades insatisfechas de la infancia? ¿Lo hizo para ajustarse a su imagen de lo que es un "buen" padre, o para ocultar a sí mismo y a su hijo el rechazo inconsciente que sentía por este? Los medios materiales suelen servir como substituto del amor. Es más fácil dar cosas del exterior que de uno mismo.

El señor S. está convencido de que su hijo es excepcionalmente superior. Exagera los logros del muchacho, y espera que este haga cosas del tipo de las que "hacen temblar al mundo". Quien lo ve, puede creer que el hombre está ciego de "amor" por su hijo. Pero en lo profundo de su interioridad, el chico sabe que la imagen que de él tiene su padre no se ajusta a la verdad, y encuentra imposible vivir en conformidad con las expectativas del señor S. Así, comienza a sentirse inepto y no querido, cosa que en verdad ocurre.

El encasillar a un niño en un papel que se ajusta más a nuestras necesidades que a las de él no es una actitud de amor. El niño necesita que se lo valore *al margen de sus logros*.

Si no procedemos con cuidado, podemos tomar erróneamente como pruebas de amor hechos tales como el afecto físico, el sacrificio, la sobreprotección, las expectativas elevadas, el tiempo que empleamos en los niños y los bienes materiales que les brindamos. Todas estas manifestaciones pueden ser la maraña que oculte nuestros verdaderos afectos.

Los elementos positivos

¿Cuáles son, entonces, los elementos capaces de comunicar el amor, la clase de amor que permite al niño elaborar para sí un sentimiento profundo de autorrespeto? ¿Cómo probar nuestro amor de manera que el niño lo sienta?

El amor se manifiesta vívidamente cuando brindamos *verdaderos encuentros* y *seguridad psicológica*. Veamos primero cómo es la clase de encuentros que constituye un aporte; consideraremos después los seis ingredientes de la seguridad psicológica.

El verdadero encuentro

Todo niño necesita celebrar periódicamente encuentros verdaderos con sus padres.

El encuentro verdadero no es más que atención concentrada.

Es atención especialmente intensa, nacida del compromiso directo y personal. El contacto vital implica estar íntimamente abierto a las cualidades particulares y exclusivas de nuestro hijo.

Los niños muy pequeños manifiestan constantemente hallarse en estado de atención concentrada. Cuando un niño que da sus primeros pasos observa una oruga, por ejemplo, queda totalmente absorbido por la vellosidad, por cada movimiento, por la forma de comer del animal. Está personalmente comprometido con la "particularidad" de la oruga.

Lo opuesto del encuentro verdadero es el encuentro en que nos mantenemos a distancia. Aquí no enfocamos íntimamente nuestra atención; nos contenemos. Vemos, pero desde la distancia; eludimos el compromiso personal. Son muchos los padres que sólo están físicamente con sus hijos, mientras el foco de su pensamiento se concentra en cualquier otra parte. La compañía sin verdadero encuentro no es compañía de modo alguno.

Ellos saben cuándo les prestamos atención

Los niños son extremadamente sensibles al grado de atención concentrada que reciben. La señora C. utilizaba los servicios de dos niñeras distintas. Cuando se las observaba superficialmente en su trabajo, parecían tratar a los niños de maneras similares. No obstante, los hijos de la señora C. preferían decididamente a una de las dos. Al vigilar más estrechamente, la madre descubrió la razón de tal preferencia: la niñera preferida estaba "por completo" con los niños. Cuando estos llegaban con el insecto o la piedra que acababan de encontrar, ella les prestaba la misma atención concentrada que hubiera brindado a los adultos.

La señora N. se sorprendió cuando, en la noche del cumpleaños de su hija Maruja, esta le hizo saber lo que sentía. Después de la fiesta, la madre dio un corto paseo a pie con Maruja. Más tarde, cuando esta iba a acostarse, entabló con la señora N. el siguiente diálogo:

— ¿Sabes qué fue lo mejor de mi día?

— Supongo que el recibir la bicicleta que tanto querías.

— No. Adoro la bicicleta y la fiesta fue divertidísima. Pero lo mejor fue la caminata de la noche; cuando, tomadas de la mano, hablamos de todo lo ocurrido en el día.

Llámese atención concentrada o compromiso directo o "estar por completo", he ahí una cualidad que da paso al amor. Que nutre el autorrespeto en sus raíces, porque dice "Me interesas"

También saben cuándo no

Para aliviar los celos de Bárbara por su hermanito recién nacido, la señora D. dispuso dedicar una parte de sus tardes a estar a solas con ella. Al principio, la actitud de la niña mejoró notoriamente, pero no pasó mucho tiempo sin que la indocilidad de Bárbara volviera, con toda su intensidad. La señora D. no podía entender por qué la atención especial había dejado de dar frutos. Pronto descubrió la razón. A medida que aumentaba su aburrimiento por los juegos infantiles de todas las tardes, la madre había comenzado a dedicar el tiempo de aquellas reuniones a la tarea de tomar notas mentales. Su mente se encontraba entonces ocupada por pensamientos tales como "Tengo que retirar la torta de la heladera", u "Olvidé escribir a Sara". De esta manera, se retiraba a su mundo privado, y su hija notó el distanciamiento de inmediato.

La señora D. dejó, pues, de lado tanto los juegos infantiles como sus planes personales, y concentró su atención en la nariz respingada de Bárbara, en su frente salpicada de pecas, en las luces que brillaban en sus ojos. Se abrió a la "particularidad" de Bárbara. Y por cierto que los celos de la hija desaparecieron en la misma medida en que su madre se dio al compromiso directo con ella.

Los niños sienten la "presencia interna". Sin ella, el tiempo que se pase con ellos es tiempo perdido y hasta dañino. Sin embargo, ¡con cuanta frecuencia les damos *presentes* en vez de *presencia*!

Las derivaciones del desencuentro

La falta de encuentro deriva fácilmente en mensaje negativo.

Imaginemos que hablamos con nuestro cónyuge, y que él (o ella) nos mira, pero nos hace sentir que su pensamiento se encuentra en otro lugar. Sus respuestas serán del tipo de "Ajá", "Sí, claro", "¿Ah, sí?". De inmediato sentiremos que lo que el otro desea es que callemos, para que él pueda volver a su periódico, a su tarea manual o a sus pensamientos. Por mucho que esa persona nos *diga* que nos ama, si esta clase de respuesta se repite con cierta frecuencia comenzaremos a sentir "No se interesa por *mí*. No le importo... tal vez no me ame". El distanciamiento *habitual* se siente como falta de interés, ya sea uno niño o adulto.

Lo opuesto del amor no es el odio, como muchos suponen, sino la *indiferencia*. Y nada comunica el desinterés con mayor claridad que el distanciamiento. El niño no puede sentirse valorado por padres que se encuentran siempre absorbidos por sus propios asuntos. Recordémoslo:

El distanciamiento hace que el niño se sienta no querido.

De cualquier manera que las administremos, las dosis del verdadero encuentro atesoran un mensaje vital. El compromiso directo y personal transmite: "Estar *contigo* es importante para mí". Y, en su puesto de recepción, el niño llega a esta conclusión: "*Debo* de importar, ya que mis padres se toman tiempo para ocuparse de *mi persona*".

Las ocupaciones impiden "estar por completo" con el niño

¿Qué medida de verdadero encuentro damos *realmente* a nuestros hijos?

Nosotros, los padres, ¡somos gente tan ocupada! ¡Tenemos tanto en qué pensar! No es que no querramos a nuestros niños: todo lo contrario. Pero tenemos trabajos que terminar, horarios que cumplir, motores y plantas que atender, impuestos y empleos, lavados y barridos, citas y clases hasta tarde, muy tarde. Y nos afanamos por dar fin a estas tareas, para hacer frente a las obligaciones que siguen en la lista. El hecho es que nuestros rígidos planes conspiran contra los encuentros humanos.

La señora R. siente profundo interés por sus hijos, pero ¿dónde se concentra su atención durante el desayuno? Mientras contesta "Ajá" a lo que le relata Tomasito, coloca una horquilla en el pelo de Catalina, echa un vistazo a los encabezamientos del diario, toma unos sorbos de café y trata de pensar en las tostadas, que están a punto de quemarse.

Cuando la familia se sienta a la mesa para el desayuno, Tomasito reinicia el relato de su experiencia. Su madre lo interrumpe con un "¿Ah, sí, Tomás? Catalina, acerca un poco más tu plato; están cubriendo el piso con migas. Eduardo, ¿guardaste en el cuaderno el justificativo por la falta de ayer? Mira Tomasito, vas a tener que cambiarte esa camisa; está muy manchada."

Sin intención, sin darnos cuenta de la importancia del encuentro, no hacemos más que zumbar. El compromiso profundo de "estar en todo" nos impide "estar aquí por completo". Son pocas las personas que viven el presente con atención concentrada. Encerrados en el pasado o concentrados en el futuro, no nos hallamos en el presente, que en resumidas cuentas es el único tiempo del cual realmente disponemos. Tratamos de estar en todas partes al mismo tiempo. Y así, en cierto sentido, no estamos en parte alguna.

Cada presión que eliminamos nos da tiempo para dedicar a *la persona de nuestro hijo*. Todos debiéramos hacernos la siguiente pregunta: "Mi comportamiento, ¿da prioridad a las cosas y los planes o a los seres humanos? "

Un niño definió a los abuelos como "personas que tienen tiempo para los niños". Lo que no dijo fue que "los padres están a menudo demasiado preocupados para tener encuentros verdaderos con sus hijos".

¿En qué se concentra usted?

¿Se concentra usted en hacer cosas *para* su hijo tanto que olvida concentrarse en él como persona? ¿Se ocupa en hornear sus bizcochos, zurcirle la ropa y ganar dinero para pagar sus estudios con tanto afán que lo pasa *a él* por alto?

¿O, por lo contrario, encuentra usted tiempo para abrirse *por completo* en esos breves momentos en que él llega a usted con un sentimiento o un pensamiento, o bien durante momentos especiales con los cuales él puede contar? Usted responde diariamente a estas preguntas mediante su comportamiento. Y puede perder de vista la maravilla que hay en su hijo si presta habitualmente más atención a las actividades, el pasado y el futuro del niño que a su "particularidad" del momento.

Práctica de la concentración

Quien no esté satisfecho con los encuentros que tiene con sus hijos tal vez tenga que cambiar sus puntos de atención. Acaso haya uno pasado tantos años afanándose y concentrándose en "todo-lo-que-hay-que-hacer" que le resulte difícil pasar a "estar-en-el-presente" con la persona de su hijo. Si este es su caso, practique la concentración en el presente valiéndose, al principio, del enfoque de situaciones impersonales.

Hágalo en momentos en que se encuentre a solas. Libérese de todo pensamiento y concéntrese en el "aquí y ahora". Nada de planes futuros ni de reminiscencias.

Déjese absorber completamente por su tarea, ya se trate de lavar platos o el auto. Abrase a la *sensación* del agua. Observe cuidadosamente las burbujas. ¿Ve reflejos en ellas? Imagine que es la primera vez que ve cómo el agua corre por encima del auto, o de los platos. Ya sea cuando se hamaque en una mecedora o cuando conduzca por una carretera, cierre su pensamiento a todo lo que no sea prestar atención —atención concentrada— a lo que ve, oye, huele y siente *en ese momento*.

La mayoría de nosotros sólo puede permanecer en el momento —el "aquí y ahora"— durante períodos breves; después, nuestro pensamiento comienza a vagar. Pero practiquemos. Veamos si somos capaces de prolongar nuestro período de atención concentrada cuando estamos a solas.

Después, practiquemos el "estar por completo" con nuestro hijo. Estemos totalmente con él, aunque fuere sólo por instantes. Liberémonos de todo, excepto del encuentro directo. Mirémoslo con *nuevos* ojos. Dejémonos absorber directamente por la maravilla que hay en él. Mientras no nos abramos a nuestro hijo en su proceso de devenir, desplegarse y evolucionar, no lo veremos realmente tal cual es. ¿Quién es él? Volvamos a examinarlo con ojos *que vean*, oídos *que oigan* y el máximo de sensibilidad en nuestro *radar* personal. ¿Cómo es? ¿Ahora mismo? Comprobemos con frecuencia nuestra capacidad de atención concentrada. Puede ocurrir que este mes sea bastante bueno, y que el mes que viene lo descuidemos por obra de las presiones de la vida.

El mantenernos abiertos a nuestros hijos es una habilidad que puede transformarse en hábito. El encuentro verdadero brinda grandes dividendos; los paga en una moneda que consiste en hacer que nuestros hijos se sientan queridos.

Frecuencia del encuentro

¿Con qué frecuencia necesitan los niños el encuentro? Cuanto mayor la frecuencia, tanto mejor, pero el encuentro constante es innecesario. Por lo general, no nos sentimos no queridos ante cualquier falta de atención exclusiva. Lo que nos hace sentir que no tenemos importancia para otro es el hecho de que ese otro *nunca* tenga tiempo para estar realmente con nosotros. Cuando los niños sienten periódicamente nuestra presencia sincera, pueden tolerar los momentos en que nuestra atención se encuentra lejos de ellos.

El refuerzo de los encuentros

El niño necesita más la atención concentrada de sus mayores cuando se encuentra sometido a tensiones. Los acontecimientos tales como el nacimiento de un hermano, la iniciación del año escolar, las mudanzas de un vecindario a otro, el exceso de competencia y las grandes decepciones son más fáciles de sobrellevar para el niño cuando las personas importantes que lo rodean refuerzan oportunamente la cantidad de encuentros verdaderos que sostienen con él. Las tensiones internas propias de los grandes cambios debidos al desarrollo disminuyen cuando se aumenta el número habitual de encuentros de persona a persona. Estemos atentos a los momentos en que el chico necesite especialmente nuestra atención sincera. Los verdaderos encuentros que tenga con nosotros aliviarán en forma activa las presiones que incidan sobre su vida.

Concertación de los encuentros

Cuando sienta usted que su hijo afronta tensiones internas o externas, establezca citas con las cuales él pueda contar. Podrá tratarse, por ejemplo, de veinte minutos diarios, o de una hora por semana. Este sistema resulta útil, ya el niño lo necesite o no. Una madre que reservaba una hora de la tarde del lunes para estar a solas con su hija, informó que la niña llamaba a ese período "mi hora favorita".

Muchas veces, nuestra atención concentrada se reserva para la mala conducta. Allí nos descargamos como relámpagos. El hecho es que los jovencitos también necesitan encuentros vitales durante los momentos de bonanza. Y por supuesto que cuanto más convencido esté el jovencito de que nos ocupamos de él, menos probable será que incurra en conductas inaceptables.

Por mucho que se diga a un niño cuánto se lo quiere, lo que

cuenta como única prueba de ese amor es la forma en que se viva con él, día a día.

Obstáculos para el encuentro

Cuanto más satisfecho se sienta uno, más fácil le resultará brindar atención concentrada. Las necesidades internas pueden llegar a absorbernos hasta el extremo de impedirnos literalmente estar con nuestros niños. Es imposible estar concentrado a medias, y al mismo tiempo estar *por completo* con otra persona.

La autoestima de la señora G. era baja en extremo. Su anhelo de perfección (condición que se imponía para la autoaceptación) influía su visión de todo y de todos. Así, le resultaba duro gastar tiempo en estar con su hija, puesto que en su agenda siempre había algo que se debía perfeccionar.

Aunque se reuniera a solas con su Virginia, apenas podía prestarle atención. Cuando esta sonreía, la señora G. pensaba: "Oh, tenemos que comenzar a ahorrar para la ortodoncia". Al observar el perfil de Virginia, recordaba cuánto había deseado que heredara su nariz respingada, y no el prominente apéndice nasal de su marido. Cuando miraba el cabello de Virginia, lamentaba lo lacio que era. Su hambre de perfección no le permitía ver lo exclusivo de su hija.

Nuestra propia autoaceptación nos libera de modo que podamos concentrarnos en nuestros hijos sin el estorbo de nuestras necesidades internas. Las insuficiencias personales no impiden los encuentros vitales, pero cuando son persistentes exigen más esfuerzo para dejarlas de lado, aunque sólo fuere por momentos fugaces.

El encuentro verdadero es un potente factor de transmisión del amor a los niños. Pero sólo es uno de los dos factores esenciales. A menos que se lo combine con la seguridad psicológica, no ha de cumplir su fin. Por consiguiente, revisaremos a continuación, uno por uno, los seis elementos constitutivos de la seguridad psicológica.

8

LA SEGURIDAD
QUE BRINDA LA CONFIANZA

Antibióticos para la neurosis

Ninguno de nosotros trata de crear problemas a los niños. Cuando se presentan los síntomas —asma, úlceras, retraso o promiscuidad— nos sentimos verdaderamente azorados.

Son muchos los que ignoran que las neurosis florecen cuando el niño se siente inseguro. La posibilidad de que no logremos proporcionar seguridad suele sorprender a muchos. Sin embargo, casi todos concebimos la seguridad sólo en términos físicos, y quedamos a obscuras cuando se menciona la seguridad psicológica. No obstante,

**la PIEDRA BASAL del amor que alimenta
es la seguridad psicológica.**

Combinados con el encuentro verdadero, *los seis ingredientes de la seguridad son algo así como antibióticos contra la neurosis.* Sin ellos, los niños aprenden a enmascararse, y caen en la alienación, las defensas enfermizas y el crecimiento distorsionado.

Llamado de advertencia

Antes de considerar la seguridad, debemos hacer un llamado de advertencia.

Ningún progenitor provee un clima constantemente seguro a todos sus hijos y en todo momento, porque el padre perfecto no existe.

Todos poseemos diversas deficiencias, muy duras de arrostrar y que a veces golpean a quienes amamos. La vida en el psicológicamente estrecho ámbito de la familia lastima inevitablemente. Es este un hecho de la vida. Por fortuna, la mayoría de los niños no es exageradamente frágil. Sus heridas psicológicas sanan, y ellos se recuperan. Existen factores internos que los impulsan a desarrollar su autorrespeto, y ellos lo hacen con sólo que se les ofrezca un mínimo de oportunidades.

La primera inquietud

Imaginemos que nos lanzan a Marte, y que nos vemos rodeados por criaturas extrañas. Nuestra primera inquietud será: "¿Hasta qué punto estoy seguro? ¿Cómo será este lugar? ¿Podré confiar en estos seres?"

Todo niño que llega al mundo se encuentra en posición similar. Si bien no piensa en los términos señalados, sus experiencias tempranas le dicen si puede o no contar con nuestra ayuda amistosa para la satisfacción de sus necesidades físicas y emocionales.

La base de la seguridad es la confianza.

Sin ella, el crecimiento ulterior se apoya en arena movediza emocional, y esto afecta todo desarrollo futuro.

La mayoría de los niños pequeños, aunque no todos, sienten que sus necesidades son intensas y que necesitan satisfacción inmediata; poseen escasa tolerancia a la frustración. Cuando la madre planea los horarios de comida de su bebé de manera que se ajusten a las necesidades de este, respeta las señales que él da cuando se siente satisfecho, agrega a la dieta nuevos alimentos en forma gradual y procede al destete paulatinamente, esa madre ayuda al niño a sentirse seguro. El respeto apacible por sus formas de ser y la serena amistad que se le brinda desarrollan la confianza del niño.

La serenidad de las madres es un aporte para la seguridad del niño. Algunos progenitores son manojos de nervios andantes, y sus hijos lo sienten. Las tensiones entre los padres, verbalizadas

94

o no, y aquellas otras tensiones que nacen de la intranquilidad emocional son rápidamente captadas por los niños. Se las debe solucionar para que los jovencitos se sientan seguros.

La confianza se construye de diversas maneras. Haga saber a su hijo cuándo y a dónde irá usted, y cuándo ha de regresar. Evite las sorpresas súbitas y desagradables. Cuando sus hijos deban visitar al dentista o al médico, ayúdelos mediante la exposición franca de lo que deben esperar de tales visitas. Prepárelos de antemano para la guardería y el jardín de infantes. No les prometa lo que no pueda cumplir. Estas son apenas unas pocas recomendaciones útiles para crear un clima de seguridad.

La trampa de los mensajes mezclados

Tal vez muchos de nosotros nunca hayamos creado desconfianza de ninguna de las maneras mencionadas hasta aquí, pero quizá lo hayamos hecho impensadamente al no ser sinceros con los niños respecto de sus sentimientos. Veamos cómo ocurre tal cosa.

Al regresar de la escuela, Robertito encuentra a su madre, que friega violentamente el piso de la cocina. Mientras friega con fuerza, con la mandíbula apretada, levanta la vista y dice secamente: " ¡Hola! "

Por sentir de inmediato que algo anda mal, Robertito pregunta:

— ¿Qué pasa, mamá?

— Nada, Robertito —responde ella.

El conoce a su madre lo bastante para no insistir, pero se aparta con estos pensamientos: "Bueno, ¿habrá encontrado la rana que yo tenía en una lata bajo la cama? ¿O estará furiosa por alguna otra cosa que yo hice? "

La confusión de Robertito es comprensible, ya que recibió dos mensajes: uno de las palabras de su madre ("No pasa nada") y otro, contradictorio, del cuerpo y el tono de ella ("Pasa algo decididamente malo"). *Toda vez que las palabras se contradicen con el lenguaje corporal*, se hace caer al niño en una trampa "de mensajes mezclados". La confusión lo obliga a preguntarse una y otra vez qué ocurrirá.

Lo primero que aprende todo niño es a confiar en las claves no verbales. Cuando estas se oponen a los mensajes verbales, él da, naturalmente, prioridad a la expresión no verbal. Cuenta con ella, aunque deba manejarse con palabras.

95

Los mensajes mezclados crean un clima de códigos y máscaras que enseñan a desconfiar.

Cuando, en la primera sección de este libro, hablamos acerca de la importancia de los reflejos positivos en la vida del niño, tal vez nos hayamos preguntado por qué no fingir simplemente el papel del espejo positivo. El problema consiste en que nuestros sentimientos se filtran hacia el exterior en forma de lenguaje no verbal. Todos sabemos esto por experiencia propia. Cuando la señora X trata de pasar por la "señora Agradable", su marido capta la farsa de inmediato; y cuando éste hace el papel del "señor Paciente", tampoco tarda mucho en ser descubierto por su esposa. Es imposible engañar acerca de nuestros verdaderos sentimientos a quienes viven a diario con nosotros, especialmente cuando se trata de niños.

Los hogares sobretolerantes constituyen un buen ejemplo del fracaso de las falsas fachadas. El señor y la señora G. asumen como padres la actitud de "todo lo que quieras, querido", aun cuando en su fuero íntimo discrepen por completo con algunas de las cosas que sus hijos hacen. Ocultan sus sentimientos con palabras falsas, pero el resentimiento que alientan les rezuma en expresiones tensas, sarcasmos y sonrisas forzadas.

Algunos de los niños más infelices provienen de familias sobretolerantes (en las que los padres enmascaran sus verdaderos sentimientos); ello se debe a que estos niños viven sumergidos en una corriente constante de mensajes mezclados. Las situaciones extremas de este tipo, en las cuales los padres dicen constantemente lo contrario de lo que quieren decir, contribuyen a la esquizofrenia. El esquizofrénico desconfía profundamente de todos, por obra de las comunicaciones enmascaradas y distorsionadas entre las cuales le tocó vivir.

Otra de las desventajas de los mensajes mezclados consiste en que hacen que los niños interpreten ambiguamente sus propias inquietudes personales. En nuestro ejemplo anterior, Robertito, que de antemano se sentía culpable respecto de la rana que tenía escondida bajo la cama, supuso que su secreto habría causado la ira de su madre. Pero si su inquietud principal hubiera sido la duda acerca del amor de ella, habría interpretado el mensaje doble en términos de esa ansiedad. Podría, por ejemplo, haberse planteado las cosas así: "Quizá mamá no se alegre al verme regresar a casa. Tal vez desearía que yo no fuese su hijo."

Ningún niño puede confiar, a menos que quienes lo rodean manifiesten abiertamente sus sentimientos. Los mensajes mezclados acaban con la seguridad y el amor.

El ingrediente más importante de toda relación positiva es la honestidad.

Si a la mayoría de las personas le gustan los niños pequeños, es probable que ello se deba en gran parte a la autenticidad de las criaturas. Cuando ellas se enojan, lo sabemos; cuando son felices, envían el mensaje sonora y claramente. Con ellos, sabemos siempre qué terreno pisamos.

Esa broma corriente, que consiste en decir "Ahora me voy, para que puedan hablar de mí" es graciosa porque encierra la verdad. Muy a menudo sentimos que la gente es gentil con nosotros en la superficie, pero nos preguntamos qué dirán a nuestras espaldas. Esto no nos ocurre con nuestros verdaderos amigos; de hecho, tratamos de quedarnos con aquellos con los que podemos confiar porque ellos nos hacen sentir seguros. Los niños reaccionan de la misma manera.

Cómo evitar los mensajes mezclados

El envío de mensajes mezclados constituye un hábito que se debe romper. Son muchos los que caen en él por imitación de otras personas. Otros lo hacen por temor a que se los desapruebe si expresan sus verdaderos sentimientos. También solemos vacilar en exponernos, o temer el manejo de ciertas emociones. A veces, damos respuestas falsas porque ello es más fácil que tratar de ponernos en contacto con nuestros sentimientos reales. Y otras, nos cubrimos por miedo de que nuestra sinceridad hiera a los demás (exponemos la forma de evitar esto último en el capítulo siguiente). Sea como fuere, lo que está en juego es demasiado importante para que nos permitamos no hacer un esfuerzo supremo por evitar el enmascaramiento.

¿Cómo no recurrir a los mensajes mezclados cuando uno realmente no quiere compartir sus sentimientos? Volvamos a la madre de Robertito. Supongamos que estaba enfadada por una rencilla personal, y que no quería entrar en detalles con su hijo. Podría, entonces, haber dicho "Hijo, estoy fastidiada por un problema de personas mayores, que no quiero comentar" Al coincidir sus palabras con su lenguaje corporal, su hijo no se hubiera sentido confuso por las contradicciones.

Supongamos ahora que ella hubiese encontrado la rana escondida, pero que sintiera que últimamente había reñido demasiado a su muchacho. Una parte de ella desea ventilar su frustración, mientras que la otra le dice que lo más prudente será callar.

Por supuesto que podría decir "Prefiero no hablar de lo que me disgusta". Pero correría el riesgo de acumular irritaciones que más adelante provocarían un estallido ante el menor incidente. La alternativa se encuentra en ser honesta acerca de ambos sentimientos. La fórmula sería, entonces, "Robertito, encontré tu rana, y francamente me disgusta que hayas quebrado nuestro pacto. Pero me parece que últimamente te he reprendido demasiado, y una parte de mí deplora tener que mencionar este asunto. Estoy entre dos sentimientos. Uno me hace sentir tan frustrada que quisiera gritar, y el otro me hace preguntarme si no seré demasiado exigente."

El compartir los sentimientos conflictuales forma parte de la honestidad. Son raras las situaciones que nos producen una sola reacción; lo más frecuente es que nos asalten dos sentimientos opuestos, y hasta tres, o más. Y debido a que los niños son extraordinariamente sensibles a las corrientes subterráneas que nos recorren, el hecho de que compartamos con ellos sólo parte de nuestros sentimientos los confunde.

La honestidad, ¿implica la apertura total?

Ante lo dicho, podemos plantearnos esta pregunta: "¿Se espera, entonces, que para crear confianza tenga yo que ser *totalmente* abierto en *todo* momento? "

Decididamente no. Uno puede optar por conservar para sí ciertos sentimientos, pero ser honesto en torno de lo que se reserva. Si la madre de Robertito hubiese dicho "Hijo, estoy fastidiada por un problema de personas mayores, que no quiero comentar", habría optado por reservarse los detalles. Pero habría también sido franca acerca de tal reserva.

Si el dar al niño información limitada la hubiera hecho sentirse mejor, también podría haber dicho: "Estoy disgustada por una discusión con una vecina, pero prefiero no entrar en detalles." Pero sea cual fuere el caso, lo que *no* debe decir es "No pasa nada" cuando pasa algo que la molesta, si es que quiere lograr la confianza de su hijo.

Por supuesto, la actitud de mantenerse totalmente abierto acerca de todos los sentimientos de uno con todo el mundo y en todo momento resultaría totalmente impropia. Uno debe decidir por sí mismo cuándo, dónde, con quién y en qué medida es *apropiado* compartir su mundo interior. Pero sea cual fuere la decisión en cada caso,

> **seamos honestos con nuestras reservas; no las enmascaremos.**

Los mensajes aguados

Una forma menor del enmascaramiento es la que consiste en enviar mensajes suaves para cubrir sentimientos fuertes. La ira es la emoción que "aguamos" con más frecuencia. (Véase en el Capítulo Décimoquinto las formas apropiadas de manejo de la ira.)

Muchos creen que los sentimientos fuertes son signo de inmadurez. En consecuencia, cuando sienten intensamente atenúan la emoción, para adaptarse a su imagen de adultos maduros. Abundan los hombres que creen que su masculinidad se pondrá en tela de juicio si manifiestan cualquier emoción fuerte que no sea la agresión, la ira o el interés sexual. A los niños varones se les enseña, por ejemplo, que deben ocultar la decepción, la ternura y la pena, si no quieren que se los considere pusilánimes y afeminados.

La persona psicológicamente madura reconoce que tiene sentimientos, y puede compartirlos en los momentos apropiados. La alta autoestima está directamente relacionada con la capacidad de mantenerse abierto a toda reacción interna, puesto que todos los seres humanos, mujeres y hombres, experimentan efectivamente toda clase de sentimientos, de variada intensidad. La persona que posee alta autoestima no tiene por qué negar lo que siente. La autoaceptación le da la seguridad necesaria para mantenerse abierta, ya que esa persona no es una fachada sujeta a la aprobación de los demás. El dominio abierto de los sentimientos es, pues, señal de alta autoestima. (Aun así, los sentimientos demasiado intensos para una situación dada, así como los que resultan impropios, indican, por supuesto, que algo está fuera de lugar.)

Los niños captan la discrepancia cuando empleamos mensajes suaves para expresar sentimientos fuertes, pero no saben *por qué* los diluímos. Así, muchos niños llegan a la conclusión de que no está bien sentir intensamente, y de que si no se sienten despreocupados es mejor que lo finjan.

La simulación de nuestra parte se transforma en modelo a imitar para los jovencitos; les enseña a desconfiar de los sentimientos intensos. Así, se automenosprecian por lo que hay en su interior. En semejantes condiciones, la autoestima nunca puede ser sincera y sin reservas.

Podemos preguntarnos: "Cuando decido compartir mis sentimientos, ¿debo manifestar *exactamente* cómo es de intenso lo que siento, sea lo que fuere? "

Se debe tener siempre en cuenta lo que es apropiado. La honestidad no implica transformar a los niños en postes de flagelación emocional. Siempre es posible adecuar las palabras a los sentimientos, y generar de todos modos mensajes apropiados.

La señora V., por ejemplo, tuvo un día agotador, y la falta de cooperación de su hijo la afecta. Por un instante, la asalta un sentimiento: "Oh, ¡quisiera no haber tenido hijos! " Si compartiera tal sentimiento, causaría estragos en su Jorgito. Pero puede mantenerse abierta en la forma apropiada, si dice: "¡Ya he tenido más que demasiado por hoy, Jorge! Necesito estar a solas un rato. ¡No tolero nada de nadie en este momento! " Esta reacción es honesta; expresa su necesidad de estar algún tiempo apartada de su hijo, sin dañar el autorrespeto de este.

Si, en cambio, hubiese dicho "Jorge, tú siempre eres una ayuda para mí; esta falta de cooperación no es digna de tí", es muy probable que su lenguaje corporal habría indicado a Jorge que su madre disimulaba su verdadera exasperación.

Si la señora V. deplora, en forma constante, el haber tenido hijos, tendrá que investigar cuál es la fuente de su rechazo. O bien prestar atención al clima que rodea a sus hijos y emplear una disciplina constructiva que haga que el comportamiento de ellos sea menos objetable. Recordemos que:

Debemos atemperar nuestra apertura por medio de la adecuación, pero evitar los mensajes mezclados.

La pregunta implícita quiere averiguar si se atreve usted a ser totalmente humano ante sus hijos, o si siente que debe salir indemne de todas las situaciones.

El progenitor aparentemente "perfecto" es, casi siempre, un progenitor enmascarado. Los niños necesitan contactos vitales con gente real, y no con robots enmascarados que se mueven de acuerdo con esquemas copiados de los demás. Como ser humano, uno puede alentar legítimamente sentimientos de todo tipo: debilidad, desaliento, preocupación, fatiga y confusión. Eso no lo hace menos valioso ni menos fuerte. De hecho, *hay que ser fuerte para mantenerse abierto*. Nuestro ejemplo demuestra que los sentimientos son legítimos. Los progenitores que asumen su humanidad evitan que sus hijos oculten las suyas.

Muchos padres preguntan: "¿Debo disculparme ante mis hijos cuando hago algo que está mal o digo algo fuera de lugar? ¿No perderá mi hijo algo de su respeto por mí si admito mis errores? "

¿Perdería uno el respeto por alguien que admitiese haber errado? ¿Lo respetaría menos por haberse disculpado? Difícilmente. Es más que probable lo contrario: uno lo respetaría más, debido a la honestidad de que estaría haciendo gala ese alguien.

La señora T. acostumbraba zurrar a sus niños cuando éstos incurrían en faltas de conducta. Un día, decidió que la zurra era un método que ella deseaba evitar. Se aferró a su decisión durante cierto tiempo, pero finalmente volvió al castigo corporal. Inmediatamente arrepentida, tuvo el valor de abrirse ante su hija.

"Matilde, no fue correcto que te golpeara, en especial cuando no hubiese permitido que me devolvieras los golpes. Lo siento terriblemente. Me gustaría haber manejado mis sentimientos de otra manera."

La respuesta de Matilde la dejó pasmada: "Está bien, mamá. Sé que tratas de no pegarme, como yo trato de no hacer trampas cuando juego a la rayuela. Pero a veces resulta muy difícil, ¿verdad? " Hasta los niños muy pequeños resultan asombrosamente comprensivos cuando nosotros nos comportamos en forma abierta y honesta. Por jóvenes o maduros que seamos, todos sentimos respeto por la autenticidad. Ella nos permite confiar.

Lejos de desilusionar a los niños, la sinceridad los atrae hacia nosotros. Gracias a ella, nos ven menos como dioses distantes, y más como gente real. Una idea falsa que muchos alentamos —y que es necesario cuestionar— consiste en que, para ganarnos el respeto de los niños debemos hacer el papel de dioses. Muchas veces tememos que la confianza de los niños en que somos progenitores dignos de confianza se deteriorará si nos ven preocupados, indecisos o equivocados. En cambio, los sentimientos disfrazados y los errores disimulados sólo hacen que los niños adviertan nuestros engaños, cosa que en última instancia destruye su confianza, y les hace creer que lo mejor para ellos consiste en incurrir en lo mismo. Tanto los niños como los padres están en mejores condiciones para reparar sus debilidades cuando sienten la seguridad necesaria para revelarlas.

Por otra parte, nuestras máscaras alientan en los niños la erección de sus propios baluartes contra las intimidades psicológicas. De este modo se los separa de la fuente de toda alimentación humana: la relación estrecha y sincera con otros seres humanos.

Por supuesto que los comportamientos extremos afectan al niño. Si los modales violentos dominan la vida de un progenitor, lo más positivo que este puede hacer es requerir ayuda profesional, puesto que semejante actitud revela deficiencias internas. En tal caso, podrá ser realista con su hijo si le hace saber que está haciendo lo posible para no verse sacudido por cualquier sentimiento. Este acto de honestidad evitará que el jovencito crea que él es la fuente de las tormentas emocionales.

Confianza y autoestima

¿Qué es lo que transmitimos al niño mediante el clima de confianza?

Lo siguiente: "Puedes contar conmigo para que te ayude a satisfacer tus necesidades. No soy perfecto, pero puedes confiar en que soy honesto contigo, aun respecto de mis imperfecciones. También tú puedes permitirte la imperfección, y juntos podemos tratar de reparar nuestras deficiencias. Cuando me presento ante tí sin estar apropiadamente abierto, te subvaloro erróneamente. Las máscaras no sirven, porque nos apartan. Estás seguro conmigo."

Semejante actitud fomenta el amor y el respeto. Y da al

niño la seguridad necesaria para enfrentar a los demás en forma amistosa y abierta, puesto que ha aprendido que esa es la manera en que se debe actuar. Así, los demás podrán confiar en él, y respetarlo.

Todo niño necesita poseer la segura convicción de que puede creer en lo que sus padres dicen, y de que puede depender de ellos en cuanto a que le brindarán ayuda amistosa para la solución de sus necesidades físicas y emocionales.

No obstante, no basta con ser abierto con los niños. El daño o el beneficio que causemos a su autoestima depende también de *cómo* hablemos con nuestros hijos acerca de nuestros propios sentimientos. Para que ellos se sientan seguros con nosotros, debemos comunicarnos con ellos en forma que no implique juicios. En el capítulo que sigue, consideraremos maneras seguras de compartir sentimientos.

9

LA SEGURIDAD
DEL NO ENJUICIAMIENTO

Reacciones y juicios

¿Cómo puedo ser honesta y abierta con mi hijo? Cuando manifiesto mis sentimientos intensos, él se siente abrumado o se pone a la defensiva. No estoy muy segura de que el procedimiento sea útil.

La observación de esta madre es legítima.

El ser simplemente abiertos con los niños puede tener resultados *indeseables* aun cuando se tenga cuidado con la adecuación de las manifestaciones de sentimientos. Algunos padres confían sus sentimientos a sus hijos y, en el proceso, dañan la autoestima de estos. Otros padres, en cambio, se mantienen abiertos y crean el respeto mutuo. ¿A qué se debe esta diferencia?

A *la forma* en que se comparten los sentimientos.

¡Eres grosero! dice la señora T. a su hijo, porque este interrumpe constantemente la conversación entre ella y una visita.

¡Estoy cansada de estas interrupciones! exclama la señora M., porque su chico interviene repetidas veces en lo que ella dice.

Las palabras de la señora T. colocan a su autora en el papel del juez que lanza su veredicto desde las alturas. El rótulo negativo de "grosero" asesta un golpe directo a la imagen que el niño tiene de sí mismo.

La señora M., en cambio, no actúa como juez. Lo que hace es expresar sus reacciones ante la conducta de sus hijos: "Estoy cansada de estas interrupciones." Así, transmite sus sentimientos *sin* juicio de por medio. Por tanto, no afecta la autoestima.

Los juicios negativos nos transforman en espejos negativos para los niños. Por otra parte, y esto es más importante, causan estragos en el autorrespeto y en la seguridad. Disminuyen, avergüenzan y castigan; hacen que los niños se sientan no amados. En cambio, el compartir apropiadas *reacciones ante la conducta* no disminuye el autorrespeto, ni va en desmedro de la seguridad, ni deteriora el amor.

En resguardo de la seguridad, el niño necesita conocer nuestras reacciones reales, con el fin de mantener su conducta dentro de ciertos límites. Pero debemos ahorrarles nuestros epítetos acerca de su persona. El no enjuiciamiento es el segundo ingrediente de la seguridad psicológica, porque

la culpa —el juicio negativo— constituye el núcleo de los desórdenes emocionales y de la baja autoestima.

Como ya hemos visto, cada niño incorpora los rótulos negativos a su imagen de sí mismo, y se ve de acuerdo con ello. La evaluación personal constituye siempre una amenaza. Para criar realmente, debemos dejar de ser *jueces* para transformarnos en *reactores*.

Imaginemos que somos niños, y que recibimos las observaciones que figuran más abajo, en dos columnas. ¿Cuáles serían nuestras reacciones? ¿Cuál grupo de enunciados nos haría mella?

A	B
¡Eres imposible!	¡No puedo tolerar este alboroto!
¡Eres haragán!	Estoy preocupado por tus notas.

| ¡Eres desconsiderado! | No quiero tener que andar detrás de tí recogiendo tus cosas. |
| ¡Malo! | A Miguelito le duele cuando lo pellizcan. Y no me gusta verlo llorar. |

Los comentarios del grupo A arrojan *culpas*. Lanzadas contra uno, ¿no lo harían sentirse menos capaz como ser humano? Los del grupo B, en cambio, nos dan a conocer los sentimientos de nuestros padres imaginarios, sin que nos sintamos personalmente atacados.

Hasta las evaluaciones positivas (los elogios) conspiran contra la seguridad, puesto que todo juicio coloca al niño en la posición de quien vive con un colocador de rótulos. No cuesta mucho al niño —ni a cualquiera de nosotros— advertir que la persona que puede evaluar positivamente también puede hacerlo en forma negativa.

También el papel del juez benigno se deja de lado cuando uno expresa simplemente sus reacciones ante el comportamiento de los jovencitos. "Te agradezco realmente que hayas recordado ordenar tu cuarto"; "Me siento bien al saber que tienes presente nuestras reglas cuando yo no estoy." Estas reacciones son más útiles que el juicio típico "Eres un buen muchacho".

¡Cuántos somos los que hemos oído al dentista o al médico decir: "Su hijo fue un buen paciente"! Cuánto mejor para la autoestima del niño hubiera sido que el profesional reaccionase ante los hechos con algo así como "Juancito no hizo alboroto por lo que yo tenía que hacerle, y eso me facilitó el trabajo. ¡Gracias, Juancito, por haberme ayudado! "

Es muy corriente que los padres envíen a sus hijos a las fiestas con el habitual "desinflador de la confianza": "Pórtate bien". ¿Qué se infiere de esta frase? Ni más ni menos que: "Dudo de tí". Si, en cambio, le dijeran "Espero que recuerdes las normas", el niño sabría lo que se espera de él sin sentirse embadurnado por los juicios. Como se nota de inmediato, la duda acerca de su comportamiento es bien distinta de la duda en torno de su valor como muchacho.

Es esta una distinción que exige cuidadosa atención.

Incontables libros y artículos periodísticos instan a padres y maestros a apoyarse firmemente en el elogio de los niños. Y muchos experimentos demuestran que tal procedimiento supera ampliamente al castigo como medio de manipulación de la conducta. Es natural que sea así. Los niños desean recibir reflejos

107

positivos, y son capaces de cualquier proeza para lograrlos. Desean nuestra aprobación.

Sin embargo, existe una *sutil pero importante* diferencia entre los rótulos positivos ("bueno" o "agradable") *aplicados a la persona del niño* y la aprobación ("Te agradezco" o "Me agrada") *dirigida a los actos.* La clave consiste en que para creer en sí mismo, el niño *no debe tener que cuestionar su valor como persona.* Esto debe entenderse siempre con claridad. Para el niño, *no* resulta claro que le digamos que es un buen muchacho porque nos guste lo que hizo.

Cómo separar conducta de persona

La vida en medio de los juicios tiene un alto costo psicológico: en ella, el niño *aprende a pensar que su conducta es sinónimo de su persona.* La idea de que la persona y su conducta son cosas separadas puede aclararse si uno piensa en el sol y sus rayos. Imaginemos que la bola de gases que compone el sol es el núcleo interno del niño. Los rayos de calor que emanan del sol se pueden equiparar a la conducta de dicho niño.

Puesto que la conducta emana del niño como los rayos de calor emanan del sol, es fácil pensar que "A mala conducta, mala persona; a buena conducta, buena persona". Esta manera de pensar olvida separar al niño de sus actos.

Cuando el valor personal depende de la realización, está sujeto a cancelación ante cada paso erróneo.

El autorrespeto del niño varía constantemente, a menos que él logre seguir adelante por la cuerda floja de la realización constantemente satisfactoria. Aun así, ese "ir adelante por la cuerda floja" significa una vigilancia constante, que no hace sino deteriorar la seguridad.

No hay niño que se comporte siempre de manera aceptable. Y cuando nuestras actitudes y palabras equiparan sus actos con su persona, él vive una existencia que podría compararse con el juego del *yo-yo.* Su valor personal sube y baja de acuerdo con su conducta. De ese modo, el niño *no puede desarrollar un sentido sólido de su valor personal*, ya que este se encuentra constantemente condicionado por su comportamiento. Aun cuando no creamos que nuestros hijos *son* lo que *hacen*, nuestras palabras pueden hacerles creer que es así. Las "reacciones del yo" de nuestra parte eliminan este peligro.

Cómo evitar la trampa del enjuiciamiento

Para evitar los juicios, hable con su hijo de lo que pasa dentro de usted, pero sin emplear rótulos.

Las palabras que rotulan —adjetivos y sustantivos que describen a las personas— causan problemas. Palabras tales como "haragán", "desordenado", "lerdo", "desaliñado", "grosero", "mezquino", "egoísta", "pícaro", "agradable", "bueno", "malo", "desvergonzado", etcétera, son enjuiciatorias por naturaleza. Tales rótulos no tienen cabida en el vocabulario de los adultos que dan a sus niños una crianza positiva.

En general, las frases que se centran en el niño y lo describen con sustantivos y adjetivos constituyen juicios. En cambio, la mayoría de las que se refieren a uno y a lo que pasa en su interior son reacciones ante determinada conducta.[1] Volvamos a diversos mensajes, enviados primero como juicios, y luego como reacciones:

Juicios del tú	Reacciones del yo
Eres tan lerdo!	Temo que llegues tarde a la escuela.
¡No seas sucio!	¡No quiero tener que barrer las migas de bizcocho que dejas caer!
¡Qué desordenado eres!	¡Este desorden me aburre!
¡Eres mentiroso!	No puedo contar con tu palabra, cuando no coincide con lo que haces.
Tienes buen gusto.	Me gusta el vestido que elegiste.
¡Tonto! ¿No se te ocurre algo mejor que jugar en la calle?	¡Me siento tan frustrado que no lo soporto! Te he hablado una y otra vez sobre los peligros del juego en la calle. Tengo terror de que te accidentes!

Nunca se recalcará demasiado el hecho de que los juicios acarrean problemas.

1. Estamos en deuda con Thomas Gordon por habernos sugerido este concepto.

El secreto de la seguridad psicológica consiste en reaccionar, pero omitir los juicios.

Práctica del no enjuiciamiento

El aprendizaje de la omisión de los juicios dista de ser fácil, ya que la mayoría de nosotros ha pasado la vida siendo juzgado. Los rótulos descriptivos son nuestros constantes compañeros mentales. Mientras cualquier otra persona nos habla, nuestras "computadoras enjuiciadoras" funcionan al máximo. Silenciosamente, juzgamos y juzgamos: "Eso está bien"; "Eso es estúpido"; "¡Qué actitud tonta!"; "Esa es la manera correcta de pensar."

Lo hacemos hasta con nosotros mismos. La señora S. dice a una amiga: "Ayer hice esto y aquello. ¿No estuve *ridícula*?" Su amiga le responde: "Bah, eso no es gran cosa. Una vez yo hice esto otro. ¿Has oído de alguien más *estúpida*? Eso de ponernos rótulos y ponérselos a los demás parece haberse transformado en un pasatiempo universal. Y rara vez cuestionamos semejante manera de pensar.

Para liberarnos de este hábito, tendremos que empezar por advertir que *estamos* juzgando. Y cuando nos oigamos hacerlo, deberemos transformar el juicio en reacción La señora S., por ejemplo, podrá decir: "Ayer hice esto y aquello. Oh, desearía no haberlo hecho." (Una reacción, y no un juicio.) Y su amiga podrá reponer: "Me doy cuenta de lo que quieres decir. Una vez yo hice esto otro. ¡Cuánto lo lamenté!"

Para salir del círculo enjuiciatorio, apunte usted algunas de las frases que habitualmente emplea para sí y para sus niños; aquellas que se refieren a la persona con sustantivos y adjetivos. Después, reescriba cada oración de manera de transformarla en enunciado de sus sentimientos internos.

Es obvio que la mera toma de conciencia no bastará para eliminar años de hábito. No obstante, la vigilancia y la práctica constantes pueden convertirlo a uno, y la recompensa bien vale el esfuerzo.

Beneficios de las "reacciones del yo"

A todo esto, uno podría razonar: "Sí, pero mi hijo seguirá

siendo juzgado por amigos, maestros y empleadores, de manera que es mejor que se acostumbre a ello en casa."

Es cierto que todo niño será rotulado a derecha e izquierda en el mundo exterior. Pero es más probable que pueda pasar por alto los juicios de los ajenos si la gente importante en su vida no lo ha ahogado en evaluaciones personales, particularmente durante los años de su formación. La falta de enjuiciamiento por parte de sus familiares próximos le ayudará a transformar los rótulos de los demás en reacciones. De este modo, su autoimagen se ahorrará flechazos innecesarios.

Los "juicios del tú" invitan al niño a ponerse a la defensiva y no prestarnos atención. Y por supuesto que si ese niño cree en tales juicios, estos dañarán su autoestima, como ya hemos visto.

Por otra parte, cuando uno no hace el papel del juez, los niños se sienten en mejores condiciones para compartir sus sentimientos con uno. Además, nuestras "reacciones del yo" les brindan ejemplos constructivos, que ellos podrán emplear con sus amigos.

Recordémoslo:

Los juicios son cortinas de humo que impiden el paso del amor.

El niño que vive con un "reactor" puede decirse: "Soy digno de que me quieran, aun cuando no todo mi comportamiento es aceptable". Todo niño saludable ve a su persona como cosa separada de sus actos. Para desarrollar una autoestima elevada, es necesario poseer un sentido del valor personal que sea independiente de la propia conducta. La forma en que hablamos con los niños influye sobre el hecho de que ellos establezcan la vital distinción entre la conducta y la persona.

10

LA SEGURIDAD
DE SENTIRSE APRECIADO

Aceptación contra aprecio

Se recomienda a los padres aceptar a su hijo tal cual es. Eso está bien. Sin embargo, la palabra aceptación resulta demasiado suave cuando se considera el clima del amor. "Aceptar" puede querer decir tolerar lo inevitable: los huracanes del Caribe, el acné juvenil, la renguera congénita de Juancito.

Los niños sobreviven en la aceptación, pero no florecen en ella.

Necesitan algo más intenso. El *aprecio*. Tienen que sentirse valorados, preciosos y *especiales* por el mero hecho de existir. Recién entonces podrán gustar íntimamente de ser quienes son.

El aprecio no es algo que necesariamente haya que manifestar de labios afuera; más bien, se trata de un sentimiento que uno tiene hacia su hijo. Es sentir su unicidad, y quererla; permanecer abiertos a la maravilla que hay en él, pese a las irritaciones pasajeras.

Por qué se pierde el aprecio

La mayoría de nosotros apreciamos *efectivamente* a nuestros

113

niños; si de pronto desaparecieran, nos darían un dolor para toda la vida. En los momentos de crisis, no nos cabe duda alguna de lo que los valoramos. ¿Cómo es posible, entonces, que ese aprecio se pierda hasta el extremo de que nuestros niños no lo sientan?

Una de las razones estriba en el hecho de que todos tendemos a dar por hechas las cosas de que disponemos a diario. El derecho al voto, la libertad de credos, la salud: las apreciamos profundamente, pero a menudo las damos por supuestas, a menos que las veamos amenazadas.

Así ocurre que, tantas veces, la vida cotidiana con los niños nos haga olvidar el milagro representado por cada uno de ellos.

Casi todos damos tratamiento prioritario a las posesiones materiales que atesoramos. ¡Extraño fenómeno el que no tengamos la misma actitud hacia nuestros hijos! Los apreciamos en alto grado; daríamos nuestras vidas por ellos. Y pese a ello, los disminuimos muy a menudo.

Esta incongruencia necesita cuidadoso análisis, ya que para los niños

el tratamiento respetuoso es la manifestación del aprecio.

Hagámonos la siguiente pregunta: "Si tratara yo a mis amigos como lo hago con mis hijos, ¿cuántos amigos tendría? "

Es difícil que alguno de nosotros tuviese la idea de avergonzar o analizar a un amigo suyo en presencia de otros, lanzarle fríos sarcasmos, humillarlo, ponerlo en situación embarazosa, golpearlo o darle órdenes como si se tratase de un soldado bajo su mando. Por cierto que no. Pensemos, sin embargo, con cuánta asiduidad asistimos o protagonizamos escenas como las siguientes:

— ¡Eduardo es tan tímido! Por mucho que lo aliento, jamás toma una iniciativa—, dice la señora B. a la vecina que visita en compañía del niño aludido.

— ¡Estás mostrando la hilacha! —, increpa la señora F a su hijo adolescente, que se encuentra acompañado por cuatro amigos.

— ¿Por qué eres tan mandón, Eugenio? No sé cómo estos

amigos tuyos juegan contigo—, grita a su hijo la señora E., que asiste a la partida de *sóftbol* en que interviene el chico.

—Guillermito, si no dejas de comer papas fritas, te vas a poner todavía mas gordinflón de lo que ya estás—, escarnece la señora T. a su hijo excedido en peso, en presencia de sus huéspedes.

Repetidas veces, tratamos a nuestros hijos como a criaturas de segunda clase, desprovistas de sentimientos y no obstante, ¡cuánto los apreciamos! Pero esto no parece importarnos cuando, de tiempo en tiempo, hacemos, vociferantes, caso omiso de su sensibilidad.

La señora A. y su hija de diez años almuerzan con la señora L. Las dos mujeres se trenzan en una conversación que dura cuarenta y cinco minutos, sin advertir que excluyen por completo a otra persona (lo es, aunque se trate de una niña), que come en silencio. A ninguna de estas señoras se le ocurriría, ni en sueños, comportarse de semejante manera si la persona fuese un adulto. Sin pensarlo, presumen que el trato que resultaría inaceptable para un adulto *es* correcto para un niño. Pero, ¿qué ocurre con la necesidad de trato respetuoso del niño? A él, el hecho de ser menos grande no lo hace menos sensible. Y la falta de respeto oculta el interés de modo que impide sentirlo.

En las clases de educación de padres, es frecuente el siguiente comentario: "Estas clases hicieron que yo comenzara a ver a mi hijo como *persona*." En nuestra mayor parte, no somos irrespetuosos voluntariamente. Ocurre simplemente que olvidamos ponernos en el lugar de los niños. O bien los tratamos como nos trataron a nosotros.

Nuestro respeto por nuestro hijo se refleja en la forma en que lo levantamos, lo tenemos en brazos, lo bañamos, lo vestimos, lo alimentamos y le cambiamos los pañales. Se manifiesta en cómo hablamos, jugamos y discutimos con él, y en cómo lo disciplinamos. Para comunicar el respeto, sólo hay que aplicar la Regla de Oro: "No hagas a los demás lo que no quieres que te hagan a ti."

Cada vez que hacemos que un niño se sienta pequeño, avergonzado, culpable, inexistente o embarazado lo disminuimos, negamos el respeto, destruimos su seguridad y dañamos su autoestima.

A veces, el niño no siente nuestra estima debido a que nos

concentramos más en lo que está mal que en lo que está bien. Juancito lleva a casa su examen de matemática: veintisiete problemas resueltos correctamente, y tres con errores. ¿Qué ve su padre en la prueba? ¡Los tres problemas mal resueltos! Cuando se cuestiona el punto de vista del padre, este responde: "Quiero que sepa qué es lo que está mal, para que no incurra en errores similares." Pero Juancito no oye de su padre comentario alguno acerca de sus veintisiete aciertos.

De muchas y pequeñas maneras, olvidamos concentrarnos en los dones únicos que cada niño posee. Sólo vemos lo que no tienen. *Cuando habitualmente atendemos a lo que falta, el aprecio deja de sentirse.* Si nuestro hijo carece de fe en sí mismo, tratemos de hallar qué *puede* hacer. Démosle reconocimiento pleno por esto, y dejemos de concentrarnos en lo que *no puede*. Su sentido del éxito —la victoria— es la clave de su confianza en sí mismo, alimenta su convicción de tener algo que ofrecer, y esto lo impulsa a realizar nuevos esfuerzos.

Otro hecho que enloda el aprecio consiste en que tendemos a ver al niño a la luz de nuestros propios rasgos. Valoramos en él cualidades que hasta el momento permanecen sin desarrollo en nosotros. En el sentido inverso, tendemos a rechazar en el niño lo que rechazamos en nosotros, como ya vimos en el Capítulo Sexto. De este modo, él paga los platos rotos de nuestra falta de autoaceptación.

La conciencia de este fenómeno suele ayudar a que uno eleve su nivel de aceptación de sí mismo y de sus hijos. La señora N. nos confió un día: "La sensibilidad de mi hija solía sacarme de las casillas. Claro, yo misma soy terriblemente sensible, y odio serlo. Tuve que hacer un gran esfuerzo, pero ahora, cuando tropiezo con su intensa sensibilidad, me digo 'Y bien, está reaccionando como lo hago yo, como me gustaría no hacerlo', y de algún modo el mero reconocimiento del vínculo entre sus reacciones y las mías hace que su sensibilidad me resulte menos fastidiosa."

Como lo dijimos en el capítulo anterior, nuestra aceptación del niño será sólo condicional, a menos que lo veamos como ente separado de su conducta. Las "reacciones del yo" desempeñan también un gran papel en evitar que el aprecio deje de sentirse. En resumen, son varios los factores que impiden que los niños sientan el aprecio que les tenemos: el trato irrespetuoso, el tomar lo que hay de especial en el niño como cosa descontada, el concentrarse en las fallas más que en los aciertos, el rechazar en ellos lo que rechazamos en nosotros, los "juicios del tú" y el confundir la persona con su comportamiento.

Cómo aumentar nuestra capacidad de aprecio

Cualquier esfuerzo que hagamos para aumentar nuestra capacidad de aprecio se reflejará en la autoestima de nuestro hijo.

Para empezar, preguntémonos cuánto nos valoramos a nosotros mismos. (Recordemos que hacemos a los demás lo que nos hacemos a nosotros.)

Son muy pocas las personas que se otorgan el tiempo necesario para practicar un inventario de sí mismas. Ha llegado el momento en que lo hagamos nosotros. Dejemos todo lo demás de lado, y mirémonos por dentro.

¿Qué conciencia tenemos de nuestras propias cualidades especiales como personas? ¿Apreciamos el hecho de que no haya en el mundo entero otra persona que sea exactamente igual a cada uno de nosotros? Usted, lector, tiene ciertas capacidades y sensibilidades que son exclusivamente suyas. Posee ciertas fuerzas especiales, que de algún modo difieren de las de cualquier otro.

Escriba las cualidades que hacen de usted un ser distinto. Si esta tarea le resulta problemática, consulte a un amigo íntimo, y vea si juntos pueden elaborar una lista de las "especialidades" de usted.

Lo más probable es que usted, como casi todo el mundo, haya pasado años concentrado en lo que *no* tiene. Ahora, concéntrese en sus cualidades positivas. Si deja usted de darse por sobreentendido, es probable que ocurran cosas interesantes. Tal vez se transforme usted en el optimista que ve el vaso medio lleno, en vez del pesimista que lo ve medio vacío.

Después, pregúntese: "¿Me trato con respeto, o juego a disminuirme? De vez en cuando, ¿hago un viaje, o me compro algo, o me permito cierta indulgencia conmigo mismo? ¿Pido, serena pero firmemente, que los demás muestren respeto por alguna de mis necesidades, o juego a que yo no importo?

"¿Respeto mis exigencias físicas y emocionales, y trato activamente de satisfacerlas? ¿Me permito disponer de tiempo para pasarlo con otros que me agradan? ¿Reservo tiempo para hacer cosas que me gustan?" (Recuerde que cuanto más satisfecho esté usted, más podrá nutrir a los demás.)

117

La siguiente pregunta es esta: "¿Creo que *soy* lo que *hago*?

Una mujer a la que otra persona felicitaba por una manualidad que había realizado, contestó: "Me alegra que *yo* le guste." No había logrado separar su trabajo de su persona. Un escritor dijo: "Si a usted no le gusta mi libro, no le gusto yo." Su sentido del propio valor personal no era intrínseco de su ser, sino dependiente de su habilidad literaria. Cuando a María no le gusta cierto punto de vista de Sara, tampoco le gusta Sara. María no consigue separar la *idea* de la *persona*.

Por desgracia, vivimos en una cultura en la que la consigna es "realizar o morir". Casi siempre se nos valora por lo que hacemos, y no por el hecho de que existamos.

Si pensamos en nuestro propio valor sólo en términos de conducta, es probable que las personas importantes que nos rodearon durante nuestro crecimiento nos hayan impuesto ese mensaje. Lo ideal hubiera sido vivir en medio de reflejos que nos dijeran que teníamos valor por el mero hecho de vivir. Pero aunque no se nos hayan dado las condiciones ideales, no tenemos por qué seguir atrapados por los reflejos del pasado. Uno puede cambiar su manera de pensar, ya por sí mismo, ya con ayuda de otros.

Para liberar a nuestros hijos de las trabas de la consigna "realizar o morir", tenemos, *primero*, que liberarnos nosotros de ellas. Y lo haremos o no de la forma más categórica por medio de nuestras actitudes hacia nosotros mismos. Cuando valoramos nuestra propia exclusividad (por supuesto que sin ignorar nuestras limitaciones), cuando nos respetamos a nosotros mismos y nos concentramos en nuestras cualidades positivas, somos más libres para apreciar a los niños.

Cuando los padres no pueden apreciar

¿Qué ocurre cuando uno está sinceramente de acuerdo con todo lo dicho, pero honestamente no logra desarrollar un sentimiento de aprecio por su propia potencialidad o por la de sus hijos? Ocurre que uno no está en condiciones de apreciar.

Necesitamos espejos positivos en nuestra vida. Busquémoslos. Si nuestras amistades no nos valoran como seres humanos, busquemos otras amistades. También es posible, por cierto, que los demás nos valoren y nosotros no podamos aceptar los reflejos positivos. O que nos escondamos tras una máscara, de manera que los demás no puedan nutrirnos. En cualquiera de los dos últimos casos, siempre es posible obtener ayuda para acabar con nuestra baja autoestima.

Tal vez el cambio exija de parte de uno una buena dosis de esfuerzos sostenidos y de crecimiento, pero todos podemos aprender a hallar valores en nosotros mismos si nos mantenemos expuestos a la aceptación. Podemos deponer al juez tirano que acaso llevemos dentro de nosotros; y si no podemos por nosotros mismos, debemos buscar ayuda.

Los beneficios del sentirse apreciado

El sentir que su valor personal no se encuentra ligado con su conducta permite al niño proponerse metas más realistas, metas que le resulte más probable alcanzar. Los éxitos obtenidos incrementarán su autorrespeto. Cuando el niño sabe que los errores de conducta no lo hacen menos digno de ser querido, se hace más tolerante con los errores de los demás. Puede valorar a los demás. No se concentra en las debilidades de estos, ya que la gente importante en su vida no se concentró en las de él. Esta actitud suya atraerá a los demás, y le dará una vida más tranquila.

Cuando los errores no se encuentran ligados al valor personal, resultan menos abrumadores. Por consiguiente, el niño podrá visualizarlos como manifestación de que hay en él porciones que deben crecer, y no como catástrofes personales. Los errores serán, para él, algo que se puede arrostrar y corregir.

Santiago provenía de una familia que lo apreciaba de acuerdo con sus éxitos escolares. Por tanto, toda calificación que no fuera superior al promedio era para él algo que lo sacudía hasta las raíces. Verlo dar examen era como ver la imagen de la tensión pura.

Para él, el rendimiento era cuestión de vida o muerte; creía que su valor personal se jugaba en cada examen. La tensión terminó por resultarle un obstáculo para el aprendizaje: le impedía pensar con claridad. Tenía que proceder de acuerdo con las normas conocidas y aprobadas. Pero el hecho de que su valor estuviese ligado con su rendimiento fue mortal para su creatividad.

"Un momento", podrá decir el lector. "En el Capítulo Segundo me dijeron que el niño necesita experimentar el éxito para sentirse competente y valioso. ¿Cómo concuerda esa idea con esta otra? "

Y bien. Es cierto que los niños necesitan experimentar su competencia para estructurar su autorrespeto. Pero también es cierto que todo niño necesita sentir que su persona es respetada al margen de su competencia.

> **Las realizaciones exitosas crean el sentimiento del propio valor; el ser respetado como persona nutre el sentimiento de ser amado.**

Todo niño necesita sentirse amado y valioso. *Pero la posibilidad de que lo amen no debe hallarse ligada a la realización valiosa.* Con todo, cuanto más digno de que lo amen se sienta el niño, más probable será que actúe de manera satisfactoria, ya que gustará de sí mismo.

11

LA SEGURIDAD DE SER "DUEÑOS"
DE NUESTROS SENTIMIENTOS

Cuando se niega la propiedad

"Quiero un caramelo", gime Eduardito L., de diez años, a las once y media de la mañana.

La señora L. sacude la cabeza: "Eduardito, tú *no* quieres ese caramelo ahora; te dejaría sin apetito para el almuerzo. Puedes guardarlo y comerlo como postre."

Alberto, de nueve años, golpea a su hermanito menor. Su madre le ordena: "¡Basta ya, Alberto! ¡Y ahora, di que lamentas haberle pegado! "

Una y otra vez, de incontables maneras, nos negamos a dejar que los niños "sean dueños" de sus sentimientos. Les decimos que sus emociones son erróneas o inadecuadas, y hasta que no existen. Después, componemos su error dictándoles el sentimiento apropiado para la ocasión. La señora L. dice a Eduardito que él no quiere el caramelo *ahora*. La madre de Alberto *ordena remordimiento* en reemplazo de la ira.

¿Implica lo dicho que la señora L. debiera dejar que Eduardito comiese caramelo cada vez que él lo quisiera? ¿O que la madre de Alberto tendría que permitirle dar de trompadas a su hermano a su antojo? Por cierto que no. Pero,

la seguridad psicológica se resiente cuando se niega la propiedad de los sentimientos.

El respeto por los sentimientos del niño forma parte del respeto por su integridad. Las emociones surgen espontáneamente, y son parte integrante del yo privado de la persona.

A veces, y sin intención, tratamos a los niños como computadoras emocionales, para las cuales tratamos de programar emociones. Queremos que lamenten cuando lamentamos, que tengan hambre cuando la tenemos nosotros, que se interesen cuando nos interesamos, etcétera. Les exigimos que adapten sus sentimientos con los nuestros, y nos irritamos cuando no es eso lo que ocurre.

Cuando dictamos los sentimientos que el niño debiera alentar, le pedimos, literalmente, que *renuncie a la propiedad de sus experiencias personales internas*. Y eso es algo que él no puede hacer, ya que carece del poder de manufacturar sus emociones; a lo sumo, podrá reprimir o fingir. Las emociones ocultas permanecen muy vivas (véase Capítulo Décimocuarto), y a largo plazo dicen invariablemente la última palabra.

Los sentimientos rehúsan inclinarse ante las órdenes.

Entiéndase bien: *el permitir que el niño sea "dueño" de sus sentimientos no significa dejarle hacer todo lo quiera*. Existe enorme diferencia entre detener un acto y dar órdenes a las emociones. La conducta necesita a menudo que se la limite. Nosotros hablamos de la *libertad de sentir, y no de la libertad de actuar*. (El tema se amplía en el Capítulo Décimocuarto.)

En el incidente del caramelo, es la señora L., y *no Eduardito*, quien quiere que la golosina se coma después del almuerzo. Sin proponérselo, esta señora exige que su hijo sienta como ella. Para evitar el problema, podría haber dicho: "Sé que te gustaría mucho un caramelo en este momento, Eduardito (lo cual equivaldría a decir: 'Tienes derecho a tus sentimientos, aunque difieran de los míos'). Pero tendrás que esperar hasta después del almuerzo, y comerlo como postre (aquí ella limita la acción). Si tienes hambre, empezaré ya mismo a preparar el almuerzo."

En cuanto a Albertito, este golpeó a su hermano porque estaba iracundo. Las palabras de su madre no sólo no disiparon su hostilidad, sino que le exigieron mentir. Resultado: resentimiento y culpa todavía mayores. Para limitar su acción sin privarlo de la propiedad de sus sentimientos, ella pudo haber dicho: "¡Alberto, deja de golpear a tu hermano ahora mismo!

(limitación del acto). Pero estás enojado, tan enojado que te gustaría molerlo a golpes. Toma esta almohada y muéstrame lo que te gustaría hacerle." (Ahora dice: "Tus sentimientos internos son tuyos. Tengo que limitar tu conducta, pero te ayudaré a elaborar tus sentimientos con seguridad.") Para preservar la seguridad psicológica, *se debe proteger* el derecho a los sentimientos.

Separación y seguridad

Raro es el progenitor que brinda a sus hijos el privilegio de poseer sentimientos separados y distintos de los de él. ¿Por qué? Porque todos hemos vivido con otros que nos exigían sentir como ellos. Y a menos que tengamos cuidado, tratamos a los niños como otros nos trataron.

Por otra parte, es difícil en extremo el permitir a los niños alentar sentimientos que a nosotros nos enseñaron como inaceptables. Las emociones de ellos suscitan nuestros propios sentimientos reprimidos y prohibidos. Así, pues, retrocedemos alarmados, y enseñamos a los niños a hacer lo mismo.

Cuando el niño siente repetidas veces que el ser aceptado depende de que se transforme en copia fiel de sus padres y maestros, su originalidad y su seguridad se ven amenazadas. Demasiado a menudo les imponemos esa dura condición: "Siente como yo, si quieres ganar mi amor."

La señora D. decide qué cantidad de alimentos deben comer sus hijos en cada comida, e insiste en que nada quede en los platos. Sus normas determinan la intensidad del apetito de ellos.

Cuando al hijo de la señora W. no le gusta una de las comidas preparadas por su madre, ella le dice: "No sabes lo que es bueno." A los ojos de la señora W., su hijo yerra cada vez que su gusto no coincide con el de ella. Esta actitud se extiende a todas sus relaciones. Ella no puede tolerar ni comprender cosa alguna que difiera de sus experiencias internas.

Son muchos los que creen que respetan la individualidad del adolescente cuando le permiten elegir sus ropas, estudios y vocaciones. Eso no basta. El que realmente demuestra respeto sincero por la individualidad es aquel que renuncia a exigir a los jovencitos que renieguen de sus sentimientos.

Los padres exaltan de viva voz lo deseable de la individualidad, pero en privado se preguntan:

123

¿Por qué no será Jaime un poco más tenaz, como Roberto? La ciencia siempre interesó a Magdalena. No entiendo por qué no le gusta a Julián. ¡En resumidas cuentas, son hermanos!

A Luisa le encantan los grupos sociales; ¡qué pena que a Juan no!

¡Ojalá Enrique fuera de carácter tranquilo, como Pedro! Y así, hasta el infinito,

Brindo por la individualidad; ¿por qué será este chico tan diferente de aquel? ¡Todo en una sola emisión de voz!

¡Viva la exclusividad y la creatividad! ¡Mi hijo siente exactamente como yo!

No me lo explico: nuestros hijos son tan distintos como el día y la noche.

Esta última observación, harto común, rara vez se expresa con tonos de alegría; casi siempre suena a desconcierto o a preocupación.

Lo extraordinario no reside en que los niños reaccionen de distintas maneras, sino en que se parezcan en algo. Todo ser humano, con excepción de los mellizos idénticos, constituye un acontecimiento único e irrepetible. Si a esta individualidad hereditaria se agrega el hecho de que no existe la posibilidad de que dos niños dispongan de experiencias y ambientes exactamente iguales, nada hay de sorprendente en que difieran.

Aparte de la herencia, podríamos creer que tres hijos de los mismos padres, que comen la misma comida y viven en la misma casa han de tener el mismo ambiente. Esto puede cumplirse en lo externo; su ambiente psicológico, en cambio, diferirá ampliamente. Nadie reacciona de la misma manera ante distintos niños. Cuando cada niño se presenta en nuestras vidas, nosotros nos encontramos en etapas distintas de nuestro crecimiento, y sometidos a presiones también distintas. Cada chico sufre distintas experiencias en el vecindario y en el aula. Y así de corrido. Son muchos los factores que se combinan para dar a cada niño un entorno psicológico único. Y cada uno de tales factores desempeña un papel en la organización de las reacciones por parte del niño.

¿De la experiencia de quién se trata?

Esto de permitir que los niños sean dueños de sus sentimientos replantea el problema de dar a los niños toda clase de lecciones, un verdadero afán en tantos hogares. Preguntémonos: "¿Quién es el *dueño* de la experiencia?"

¿Quién puede saber de antemano qué es lo que entusiasmará a otro? Expongamos al niño a una variedad de experiencias, pero reconozcámosle el derecho a sus reacciones particulares. La seguridad desaparece cuando decidimos qué es lo que el niño "debe" disfrutar. Y pisamos terreno peligroso cuando comunicamos a los niños que deben gustar de ciertas experiencias para gozar de aprobación.

Nos dijo Ana María: "Lo que yo quisiera o prefiriese no importaba. Mis reacciones nunca parecían ser las correctas. Algo debe de ocurrirme."

El respeto por la separación prueba nuestro interés.

Cómo dar lugar a las diferencias

La fuerza con que cada uno de nosotros presiona sobre los niños para que ellos desarrollen sentimientos similares a los nuestros es un índice inverso de nuestra capacidad para verlos como individuos separados y tolerar las diferencias entre ellos y nosotros.

Analicemos nuestra propia posición al respecto; ella nos dirá cuál es la medida de nuestra capacidad para cambiar y crecer, y para permitir que nuestros hijos hagan lo mismo. No tratemos este tema a la ligera. Oigamos lo que tenemos que decirnos. Notemos cómo sentimos. Cuando, para nosotros, la diferencia brilla con luz pálida e indistinta, enseñamos que la originalidad es errónea. Por consiguiente, generamos reflejos negativos.

Los campamentos aburrían a Telma hasta las lágrimas, pero su familia adoraba las excursiones campestres. Por respeto a las preferencias de la niña, sus padres preparaban otros programas para ella, cada vez que decidían irse al campo. De ningún modo sugerían con ello que ella fuese una aguafiestas por el mero hecho de discrepar. Y el respeto de ellos permitía a la niña valorar su condición de ser distinto, en vez de hacerla sentirse la oveja negra de la familia.

El sol brilla sobre nuestro programa de seguridad psicológica, sólo cuando

damos lugar a las diferencias, sin retirar nuestra aprobación.

Comprobación de la tolerancia a las diferencias

Para evaluar nuestra tolerancia a las diferencias, conviene comenzar por el examen de nuestras relaciones fuera de la familia.

La señora O. tenía dificultad para llevarse bien con los demás. Su problema surgía del hecho de que, para relacionarse con otros, estos debían pensar como ella. Si nuestra actitud hacia los ajenos a la familia es similar a la de la señora O., es muy probable que nuestros hijos se encuentren sometidos a una dieta todavía más concentrada de intolerancia.

Existe un poema, llamado "Los ciegos y el elefante", que encaja perfectamente en este tema. Habla de cuatro ciegos que, por primera vez, se hallan ante un elefante. Cada uno de ellos toca una parte distinta del animal, y en seguida cree saber cómo "se ve" un elefante. Uno, que tocó la cola, asegura que el elefante es como una cuerda; otro, que tocó la trompa, cree que el animal se parece a la serpiente; el tercero, que se abrazó a la pata, insiste en que el elefante tiene el aspecto de un tronco de árbol; y el último, que tropezó con el flanco de la bestia, afirma que esta es igual a una pared.

Cada uno de aquellos hombres experimentó al elefante de manera distinta, y quedó persuadido de que *su* manera de organizar la experiencia era la única manera "verdadera" de hacerlo. Pero ninguno de ellos consideró el hecho de que acaso hubiera otro punto de vista tan razonable como el suyo.

Nos ocurre a menudo que, como aquellos ciegos, tenemos una experiencia y creemos que, porque nosotros reaccionamos de un modo particular, la nuestra es la única reacción correcta. Si, en cambio, aceptásemos en verdad que los demás son seres separados de nosotros, no insistiríamos en que el nuestro es el único punto de vista razonable.

En cierta medida, todos somos ciegos que tropiezan con los muchos "elefantes de la vida". Cada uno de nosotros aporta a toda situación su propia unicidad, sus experiencias pasadas y sus sentimientos. Cada uno de nosotros ve las cosas con leves diferencias. Es necesario recordar constantemente que

la manera de ver y sentir de cada uno no es
la única.

El punto de vista del niño es tan válido para él como el de
uno para uno. Nuestra actitud debe equivaler a decirle: "Tu
eres tu propia persona, y tus sentimientos son enteramente tuyos." Así, se presentarán la seguridad y el amor.

Cuando alguien tiene problemas para aceptar las diferencias
de los demás, esto puede ser un índice de que su autoestima es
baja. El individuo que carece de un sentido fuerte de valor
personal se siente amenazado por las diferencias, particularmente en familia. Anhela que los demás convaliden los diversos
puntos de vista que sostiene, *para poder creer él mismo en tales
puntos de vista.* Necesita apoyo externo para reafirmar su imagen
de sí mismo. Y cuando no lo logra, se siente ansioso, rechazado
o no querido.

Si este es su caso, lector, ello sólo significa que tendrá usted
que ponerse a trabajar en su propia falta de autoestima.

Efectos sobre la autoestima

El admitir la "propiedad" del niño sobre sus sentimientos y
reacciones personales tiene grandes efectos sobre su autoestima.
Ello es lo que le permite decirse: "Está bien que yo sea *yo*. Mis
experiencias internas son legítimas, aunque difieran de las de
mis padres. Y el alentar ciertos sentimientos en ciertas ocasiones
no disminuye en modo alguno mi valor como persona."

El niño que posee esta convicción no se oculta en la false-
dad, ni trata de imponer sus percepciones a los demás. En consecuencia, se lleva mejor con la gente.

Es bien interesante el hecho de que cuando uno se pone en
el lugar de sus hijos y trata de ver el mundo desde el punto de
vista de ellos, descubre a menudo lo razonable de sus proposi-
ciones. De este modo, uno les brinda la seguridad de la comprensión. Volveremos sobre esta idea con más amplitud, en el
capítulo que sigue.

12

LA SEGURIDAD
DE LA EMPATIA

Revelación de lo interno

Bruno está fuera de sí, y su madre le ordena: "Vete a tu cuarto hasta que te pongas tratable." De este modo, le permite ser dueño de su irritación, pero le sugiere claramente que no quiere tratar con él en semejantes condiciones. En resumen, le hace ver claramente que él invita al rechazo con su exhibición de sentimientos malhumorados

Las emociones negativas intensas crean tensiones internas; no obstante, y sin proponérnoslo, negamos a menudo nuestra ayuda constructiva cuando el niño más la necesita. Decimos que queremos la confianza de los niños, pero nuestras reacciones la alejan con demasiada frecuencia. Y si no somos capaces de aceptar los sentimientos del niño, él también aprenderá a rechazarlos.

La necesidad de empatía

Pensemos en nosotros mismos: cuando compartimos un sentimiento, no queremos que se nos desapruebe ni que nos den razones por las cuales no deberíamos sentir como lo hacemos. *Queremos que se nos oiga con comprensión*. Y cuando esperamos que nos comprendan, nos sentimos seguros para hablar.

Imaginémonos que estamos profundamente preocupados por

la operación quirúrgica que espera a nuestra hija y que confiamos a un amigo nuestra desazón. Si él nos responde *"Oh, no te preocupes*; todo saldrá bien", difícilmente nos sintamos comprendidos. Su manera de consolarnos no nos hará bien alguno. Lo más probable es que pensemos: "¡A buen puerto fui por leña! ¡Apuesto la cabeza a que nunca le tocó llevar a un hijo al quirófano! "

Supongamos que, en cambio, nuestro amigo nos dice cálidamente: "¡Caray! ¡Qué mal momento debes estar pasando! " Estas palabras, y el tono con que las dice nos indican que comprende cómo se siente uno en semejantes ocasiones. Uno no habla de sus temores para que le respondan que estos no tienen razón de ser; lo hace para aliviar, mediante la comprensión de los demás, su carga de angustia y aislación. Sobrellevar una pena en soledad es siempre más difícil que saber que otros están "con" nosotros. *La comprensión humana nos da consuelo y seguridad; es un puente sobre el abismo de la alienación.*

En qué consiste la empatía

Existe una palabra para denominar la comprensión que todos anhelamos. Esa palabra es *empatía.* Hay quienes confunden empatía con simpatía. Pero esta última implica la actitud del que nos consuela diciéndonos: "¡Ah pobrecito! " Y si bien es cierto que, de vez en cuando, buscamos piedad, no es menos cierto que esta no nos ayuda tanto como la verdadera comprensión.

La empatía consiste en que nos comprendan desde nuestro punto de vista.

Significa que otra persona ha penetrado en nuestro mundo, y prueba que comprende nuestros sentimientos al reflejar nuestro mensaje. Esa persona abandona temporariamente su propio mundo, para estar "con" uno en las sutilezas de significado que cierta situación tiene para uno. Como lo señaló Carl Rogers, la persona empática no está con nosotros para coincidir o discrepar, sino para comprender sin juicios.

Normalmente, todos nos comunicamos por dos vías: la de las *palabras*, y la del *lenguaje corporal*. Por lo común, *nuestras palabras contienen los hechos*, mientras que *nuestros músculos y tonos de voz revelan nuestros sentimientos acerca de tales hechos.* El significado total de nuestros mensajes se encierra en la suma de una cosa y la otra, y esperamos que todos los demás comprendan la totalidad de lo que queremos decir. No obstante, y en términos de lo que nos hace sentirnos comprendidos,

las actitudes y los sentimientos son más importantes que los hechos.

Cuando nuestros hijos nos hablan, sólo demostramos verdadera comprensión si logramos reflejar el significado *total* de su mensaje. Cuando Carlitos, por ejemplo, llega cabizbajo al *living* y nos dice, con tono de desaliento "Bueno, ya hice mi trabajo de castellano", sus palabras dicen que la tarea está terminada. Pero su tono y su postura revelan lo que siente acerca del asunto: desaliento y desaprobación.

Si, en esos momentos, el padre responde nada más que a las palabras de su hijo, sólo refleja satisfacción cuando dice "Bueno, hiciste el trabajo". El que alguien repita sus palabras como loro hace que Carlitos se sienta oído en un nivel, pero de ningún modo *totalmente comprendido acerca de lo que aquella experiencia significa para él.* Sus sentimientos respecto de la tarea en cuestión son considerablemente más importantes que el significado literal de sus palabras. Pero la respuesta de su padre pasa por alto sus sentimientos.

Si, en cambio, el padre de Carlitos prestase atención al mensaje total de su hijo, se manifestaría sensible tanto a sus mensajes verbales como a los no verbales. En tal caso, manifestaría su comprensión con palabras de este otro estilo: "Sí, terminaste el trabajo, pero no estás satisfecho." Así captaría el sabor pleno del mundo de Carlitos, y este sentiría el calor de la comprensión humana.

Cuando uno es empático, no trata de modificar los sentimientos del niño. Trata, en cambio, de entender cómo experimentó él la parte del elefante que tuvo entre sus manos, sea cual fuere. No intenta ver *por qué* él siente lo que siente; se limita a captar todos los matices de sus sentimientos en aquel preciso instante. De este modo, llega a ver como él, a sentir como él.

La empatía es el quinto ingrediente de la seguridad psicológica.

Puesto que el hombre es un ser social, trata de superar la

soledad por medio del establecimiento de la intimidad psicológica. Para lograrlo tiene, sin embargo, que saber que lo oirán empáticamente. Los seres humanos son criaturas que sienten, y para alcanzar el verdadero autorrespeto necesitan que sus sentimientos se acepten y comprendan.

Por cierto que una parte de la socialización del individuo consiste en aprender que *no todos los sentimientos se pueden transformar en actos*, como lo explicamos en el capítulo precedente. Pero el saber que dispone de la seguridad necesaria para revelar sus reacciones internas, y que la gente que es importante para él lo entenderá, ayuda al niño a aceptar lo que realmente es: un ser humano capaz de alentar todo tipo de emociones.

¿Pensó alguna vez el lector que bien podría él conocer toda estadística y todo hecho acerca de un niño, y sin embargo no *conocerlo* —conocerlo personalmente— a menos que comprendiese sus puntos de vista? Nadie conoce a un niño antes de comprender cómo organiza él personalmente, lo que le ocurre. No hay forma de conocerlo, a menos que uno penetre en su mundo íntimo privado; el ser humano vive, respira y muere psicológicamente en el ruedo de los sentimientos. Quien cierra la puerta a los sentimientos corta la vida, el crecimiento y la esencia de la unicidad. Quien cierra la puerta a la comprensión empática barre con la intimidad, la seguridad y el amor.

Vamos a estudiar una situación típica, tratada en primer término de manera que mina la seguridad, y luego de manera que la apuntala:

Carina, de tres años de edad, llega llorando hasta su madre; la asustó el ruido de un avión de reacción.

Respuesta típica

—Querida... es nada más que el ruido de un avión a chorro. No debieras asustarte.

En esencia, este intento de consuelo dice: "No tengas ese sentimiento de temor: no hay por qué asustarse de los ruidos de los aeroplanos." Es obvio que la madre de Carina trata de eliminar el miedo de su hija mediante una explicación lógica. Sin embargo, los sonidos de gran volumen atemorizan *efectivamente* a los niños, sea cual fuere su origen. En este caso, la lógica reemplaza a la empatía. Y Carina no se siente comprendida. Las explicaciones son más útiles *después* de haber uno dominado sus sentimientos. En el momento en que nuestras emociones son intensas, nuestra sed es de comprensión. Y lo mejor es dejar las explicaciones para el segundo término.

La respuesta empática:

— ¡Oh, oh! — dice la madre, mientras abraza a su hija — ¡Qué ruido terrible! ¡Da miedo, realmente!

En ese instante, la madre de Carina se introduce en el atemorizado mundo de su hija, y demuestra que comprende cómo se siente la niña. La reacción empática inicial dice a Carina: "Mamá está conmigo; sabe cómo me siento." Y apenas sabe que se comprende su temor, está en mejores condiciones para entender la razón lógica del ruido.

La empatía consiste en oír *con el corazón, y no con el cerebro.* Cuando la respuesta empática se da en tonos fríos y objetivos, el niño *no* se siente comprendido.

Es probable que todos hayamos tenido la experiencia de compartir una preocupación y recibir de nuestro interlocutor, con tono impersonal, la respuesta; "Caramba, eso es grave." En casos así, no nos sentimos comprendidos. Si, en cambio, nos dicen " ¡Caramba, eso es grave! " en el tono del que realmente lo siente así (la voz y las expresiones de nuestro interlocutor nos dicen que él está "con" nosotros), entonces sí nos sentimos comprendidos. Los tonos de voz y las actitudes musculares nos indican cuándo otra persona entra en nuestro mundo con compasión y comprensión, y cuándo lo hace de los labios para afuera. Los tonos nos brindan claves de la sinceridad de la comprensión. (Ampliamos este tema en el Capítulo Décimocuarto.)

Requisitos previos de la empatía

La verdadera empatía es un matrimonio entre la actitud y la capacidad. La capacidad es la que se necesita para penetrar con comprensión en el mundo de otra persona. El progenitor con relativa paz interior encuentra más fácil la entrada al mundo de su hijo que el que se siente dominado por conflictos intensos.

"Apenas puedo *oír* a mis hijos", dice el señor G. "Hay

133

demasiado ruido en mi interior. Cada vez que ellos me hablan, yo quedo pendiente de mis reacciones internas." Para llegar a ser libremente empático con sus hijos, este padre tendrá primero que ponerse en paz con sus sentimientos. Tendrá que ser capaz de liberarse de sus propias emociones, para estar "con" sus hijos en las de estos.

La empatía resulta más fácil para quien es sensible a los tonos e inflexiones de la voz, a las posiciones corporales, a los gestos y a las expresiones faciales. Algunas personas no prestan atención a esas claves: no están "sintonizadas" para la conversación no verbal. Sin embargo el psicólogo Albert Merhrabian, por ejemplo, sostiene que sólo el siete por ciento de cada mensaje se transmite mediante las palabras; el resto corre por cuenta del tono y de los músculos.

La sensibilidad al lenguaje corporal es esencial para la empatía.

Y se la puede aumentar por medio de la práctica y el esfuerzo.

El grado en que uno no puede ser empático depende en parte de su actitud respecto del propio rol de padre. La empatía se produce más fácilmente cuando entendemos que nuestro papel es el de un ser que nutre y posee alto grado de fe en la capacidad de su hijo para autodirigirse. A la inversa, la empatía nos resulta más difícil cuando creemos que debemos dirigir y guiar constantemente a los niños, que todo lo sabemos mejor que cualquier otro.

Ocurre demasiado a menudo que, en vez de tratar de comprender, discutimos, reñimos o ejercemos presión para que nuestros hijos organicen sus reacciones como lo haríamos nosotros si estuviésemos en su lugar. *El hecho es que no somos nuestros hijos.* Ellos poseen su forma propia y exclusiva de organizar sus experiencias, y esa exclusividad debe respetarse. La actitud del que tolera las diferencias y respeta la integridad de los demás facilita la empatía.

Por último, lo más importante es nuestra actitud hacia las emociones en general. Si les tememos, nos será difícil, si no imposible, la acción sinceramente empática. La empatía implica escuchar y aceptar los sentimientos como realidades verdaderas, y no como "papas calientes". Si nos mantenemos abiertos a nuestros propios sentimientos y renunciamos a juzgarlos, estaremos en mejores condiciones para brindar seguridad empática a nuestros hijos.

Beneficios de la empatía

La empatía es una poderosa prueba de interés. Cuando dejamos *temporariamente* de lado nuestros puntos de vista para estar "con" nuestros hijos, demostramos respeto fundamental por ellos en cuanto individuos separados cuyo punto de vista personal nos importa. La empatía dice: "La forma en que tú ves las cosas es importante para mí. El estar contigo en tus sentimientos bien vale mi tiempo y mi esfuerzo. Quiero realmente comprender cómo es el ser tú, porque me interesas."

Nuestra empatía ayuda a nuestros hijos a sentirse como comunicadores eficientes. Le enseña que pueden llegar hasta las personas importantes que los rodean. Además, el éxito en la comunicación es importante para el autorrespeto. La empatía es crucial para mantener abiertas las vías de comunicación. Los niños dejan de hablar cuando se sienten constantemente mal entendidos.

Uno de los rasgos característicos de los hogares de los niños con alta autoestima es la gran medida de conversación libre y espontánea que se observa en ellos. Estos jovencitos se sienten seguros al expresar sentimientos y opiniones. Aunque los demás no siempre concuerden con sus puntos de vista, los respetan y los tienen por legítimos. Nada elimina la conversación con tanta facilidad como el conocimiento de que nuestros puntos de vista no serán respetados o comprendidos.

No cabe duda alguna:

la empatía hace comprender el amor.

Fomenta la cercanía cálida —la intimidad—, y barre con la soledad.

Del mismo modo en que hace que el niño se aproxime a uno, la empatía empuja a uno hacia el niño. Porque cuando uno se pone en el lugar de otro, cuando alienta un sentimiento hacia sus puntos de vista, ocurre súbitamente un fenómeno: el comportamiento de ese otro cobra sentido. Y entonces, es difícil que ese comportamiento nos enfade o inquiete.

La empatía ayuda a dejar los juicios de lado.

Lo que nos relató una tal señora N. es un ejemplo vívido del papel que desempeña la empatía como elemento capaz de fomentar la intimidad y liberar a los padres de juicios iracundos: Gladys criticaba constantemente a su hermana que, aunque menor, era mucho más fuerte que ella. Yo traté de subrayar las ventajas que ella tenía sobre su hermana y de comprenderla, pero esto no sirvió para que se moderase. Una noche, cuando la estaba ayudando a que se acostase, comenzó una vez más a quejarse de su hermana, y yo traté de prestarle toda la atención de que soy capaz. Pronto empezó ella a hablar de sus compañeros de colegio.

— Mamá —, me dijo —, en la escuela ocurre lo mismo que en casa. Los otros chicos son más fuertes que yo en todo (cosa que era cierta), y de algún modo me ganan siempre. Yo soy la última. Son más fuertes que yo hasta con las palabras. Lo que a veces me dicen duele tanto, que me pierdo en el dolor y no puedo pensar en qué responderles.

Mientras ella hablaba, yo capté el sabor de su mundo, y sentí como si se me rompiera el corazón. Donde quiera que estuviese, siempre la rodeaban chicos que la superaban. De pronto, sus críticas de su hermana tuvieron sentido para mí. Nuestra casa era el único lugar en que ella tenía ocasión de emparejar los tantos. No era extraño que fuese inexorable. Todo el asunto fue como un pequeño milagro. Una vez que hube comprendido, no me enfadé. Sólo sentí compasión y calor, y resolví dar los pasos necesarios para que ella tuviera más desahogo.

Cuando se los interpreta mal, los niños se sienten rechazados, y la intimidad desaparece. Su conclusión es la siguiente: "Mis padres no me entienden. No les importo... tal vez yo no merezca que se preocupen por mí". Por lo contrario, cuando cualquiera de nosotros, niño o adulto, se siente profundamente comprendido se *siente* amado, porque

la comprensión es el lenguaje del amor.

(Véase en el Capítulo Décimocuarto, más detalles acerca de las consecuencias de la falta de empatía.)
La seguridad nunca es completa cuando no hay empatía entre padres e hijos, pero la comprensión constante no es esencial.

De todos modos, la comprensión periódica permite al niño pensar: "Por lo menos a veces, mis padres comprenden lo que es ser yo."

Examínese usted mismo, lector, en este importante tema: ¿con los ojos de quién mira usted? Si encuentra que habitualmente ve sólo sus propios puntos de vista, es probable que esté usted retaceándoles el amor a sus niños. Si en cambio, por lo menos de tanto en tanto, puede usted observar el mundo desde el punto de vista de ellos, habrá más posibilidades de que su interés por ellos se manifieste. Recuerde la historia de los ciegos y el elefante. No diga a sus hijos que los comprende: pruébelo con empatía. Así probará también su amor.

13

LA SEGURIDAD DE TENER CRECIMIENTO EXCLUSIVO

La llave misteriosa

Al ir a acostarse, Linda, de cuatro años, sorprendió a su madre al pedirle que le alcanzara el chupete, le preparase un biberón y le pusiera pañales. Sin inmutarse, la señora L. cumplió con el pedido. Cuando iba a buscar los pañales, Linda la detuvo. "No, creo que los pañales no", dijo. Enseguida dejó el chupete, y se fue a dormir con sólo el biberón.

Linda estaba revisando su "cuenta de banco de seguridad psicológica." Por su parte, la reacción de su madre le dijo: "Tu manera de crecer es buena para mí. Si quieres volver atrás, respetaré tu deseo." Al probar que Linda estaba en libertad de crecer a su manera propia y especial, la señora L. proporcionó a su hija el último ingrediente de la seguridad psicológica: la libertad de crecer de acuerdo con normas exclusivas. Con esta garantía, Linda no necesitó todos los símbolos de la comodidad infantil: le bastó con el biberón.

La señora L. pudo haber exclamado: " ¡Por Dios, Linda! Eres demasiado grande para esas cosas de bebés. Actúa como corresponde a tu edad, y vete a la cama". El mensaje de estas palabras habría sido distinto del anterior: "El retroceso en el crecimiento es malo. ¡Fórmate y crece *correctamente* (según creo yo que tiene que ser)! "

Muchos tememos que las regresiones temporarias detengan el crecimiento. Sentimos que los niños nunca "llegarán" si no crecen constantemente. Es curioso que, en cambio, tengamos fe en la capacidad de crecimiento de las plantas. Colocamos la semilla en un clima nutricio y confiamos en el potencial que le permite desarrollarse en su momento y a su modo. Los estancamientos en el crecimiento y el hecho de que algunas hojas se sequen no nos ponen nerviosos. Si las cosas parecen tomar mal cariz, nos preocupamos por las condiciones nutricias que rodean a la planta. Pero no se nos ocurriría tirar del tallo o tratar de estirar las hojas.

En ocasiones, tenemos menos fe en la capacidad de desarrollo de nuestros hijos que en la de las plantas. Tratamos de forzar su *crecimiento* mediante impulsos, urgencias y prohibiciones. Y cuando el progreso se retarda, nos concentramos en *ellos*, y no en el *clima* que los rodea. Olvidamos que, como ocurre con la semilla,

lo que impulsa el crecimiento reside en el interior de cada niño.

Pocos se atreverían a forzar a un niño a que camine, por el hecho de estar seguros de que en su momento lo hará por sí solo. Todos aceptamos que el bebé vuelva a gatear después de sus primeros pasos temblorosos. Pero en algún momento del proceso, muchos pierden la fe y sueltan su cantinela: "Eres demasiado grande para esa tontería." Todo paso atrás nos causa desengaño, preocupación o tensión. Semejante actitud corroe la seguridad y el autorrespeto.

Todo niño tiene su programa para el crecimiento, pautas que le son exclusivas. Y esas pautas particulares deben respetarse.

El crecimiento: un camino zigzagueante

El crecimiento *no* es una progresión firme hacia adelante y hacia arriba. Es, en cambio, un camino intrincado: tres pasos adelante, dos atrás, uno alrededor de los arbustos y una detención antes de la siguiente etapa hacia adelante. Este esquema zigzagueante es desgraciado en el sentido de que nos preocuparíamos menos si cada día nos diese una nueva muestra de progreso.

Una máxima fundamental acerca del crecimiento en todas sus etapas consiste en que el crecimiento se opera mediante saltos hacia lo nuevo y regresiones hacia lo viejo. Sube y baja, como las mareas.

El crecimiento es movimiento de expansión y contracción.

Seguridad y crecimiento

Según Abraham Maslow[1], toleramos dos atracciones opuestas. Una es la seguridad de lo conocido; la otra, el atractivo de lo nuevo. Cada paso del crecimiento exige que el niño deje atrás lo que le es familiar. Crecer es renunciar a lo viejo.

Y el niño, pobre criatura, se ve obligado a renunciar a una cosa tras otra, en rápida sucesión: el pecho materno, el biberón, el pulgar o el chupete, y el pañal; el gateo, las comidas desmenuzadas, y el tener lo que desea no bien lo desea. Tiene que abandonar la unión con su madre, el santuario de la familia, la seguridad de sus pares. Debe hallar el punto de equilibrio entre la dependencia y la independencia, la sumisión y el dominio, el guardar y el compartir.

A medida que crece la atracción de las nuevas fronteras, también lo hace el tierno recuerdo del regazo materno. Hasta los adultos quisieran, en ocasiones, poder retirarse a la dependencia completa y recibir cuidados sin tener que esforzarse. ¿Qué hay, entonces, de extraño en que la expansión y el crecimiento se mezclen con la vacilación y la regresión? La retirada puede ser el preludio necesario de un nuevo avance.

Primero, la seguridad

De las dos presiones —seguridad y crecimiento—, tiene prioridad la primera. Sin ella, los niños abandonan la búsqueda. Juanita se siente fascinada por los colores y las texturas de los

1. Maslow, Abraham: *Toward a Psychology of Being.* Nueva York, D. Van Nostrand, 1964, Capítulo 4.

productos que se exhiben en el mercado. De pronto levanta los ojos, y advierte que su madre ha desaparecido de la vista. Allí muere todo interés por explorar de la niña, que corre en busca de la seguridad de su madre.

En las guarderías, los niños que se familiarizan con los alrededores y establecen relaciones cálidas con sus maestros tienen mayor libertad para soltarse de las faldas maternas. Los niños necesitan primero la seguridad; recién entonces avanzan hacia lo desconocido.

Todo crecimiento implica incertidumbre. "¿Cómo será?" "¿Será peligroso?" "¿Se crearán problemas si lo hago?" El movimiento hacia lo desconocido puede encender la ansiedad. El niño que se siente a salvo para retroceder necesita mucho menos valor para aventurarse, puesto que no ha quemado sus naves.

La posibilidad de una retirada sin deshonra hace al niño más proclive a tentar lo desconocido.

Cómo ayudar al crecimiento

¿Significa lo dicho que deba uno sentarse pasivamente, sin intervenir de modo alguno en el crecimiento? Nada de eso. Lo que debemos hacer es presentar al niño experiencias nuevas y atractivas toda vez que él parezca preparado para enfrentarlas. Alentémoslo con suavidad para que arrostre nuevas situaciones. Pero, al mismo tiempo, respetemos *sus* preferencias cada vez que vacile o retroceda. Cuando se pretende forzar el crecimiento, sólo se consigue hacer que el niño se aferre con más fuerza a lo viejo. Quien no respeta las preferencias y las regresiones demuestra falta de fe en la capacidad de crecimiento y en la individualidad del niño. Quien, en cambio, respeta la pauta de crecimiento y la necesidad de seguridad de la criatura, da pruebas concretas de su amor.

Si los demás tuvieron fe en nuestro propio crecimiento, nos resultará más fácil hacer lo mismo con nuestros hijos. Tal vez sean muchos los que no tuvieron esa suerte; sea como fuere, debemos insistir en confiar en la manera de desarrollarse de nuestros hijos, aun a fuerza de pura determinación y si, como muchas personas, no podemos manufacturar la fe con sólo determinación, busquemos el apoyo de otros que tengan fe en nosotros. (Todo marido necesita la fe de su mujer en él, y toda mujer necesita que su marido confíe en ella. Muchas parejas se encuentran tan concentradas en sus actividades externas, que no se dan el tiempo necesario para nutrirse entre sí. En ese sentido, defraudan a sus hijos.)

La familiarización con los hechos del desarrollo de los niños nos permitirá ver el comportamiento de hoy en la perspectiva de las tareas de largo aliento que cada niño debe completar. De esa manera, nos evitaremos el riesgo de exagerar las proporciones de cada fluctuación a que nos toque asistir.

Efectos de la libertad sobre el crecimiento exclusivo

El respeto por la pauta individual de crecimiento del niño equivale a decirle: "Creo en tu manera especial de crecer. No eres menos aceptable por el hecho de que te desarrolles como lo haces." Así, el niño se convence de que está bien ser quien es.

El clima del amor

Aunque tratamos por separado los ingredientes del amor nutricio, en realidad todos se combinan para formar una atmósfera psicológica de reacciones positivas. Esos siete ingredientes básicos componen el AMOR, esa palabra de cuatro letras que designa la inmensa diferencia entre el calor del autorrespeto y la soledad del odio por uno mismo.

Los encuentros seguros traducen el amor a términos que el niño puede sentir, sean cuales fueren su edad, sexo, temperamento, inteligencia y habilidades. Y tales encuentros no se pueden falsificar. Inmerso en un clima de seguridad, el niño sólo puede llegar a las siguientes conclusiones:

Soy un individuo aparte y único.
Sé que tengo valor e interés, porque mis padres disfrutan, comprenden y respetan mi persona.
No tengo que ser una copia al carbónico para importarles a las personas importantes que me rodean.
Me estiman aunque, por necesidad, limitan mi comportamiento.

143

Estos son los enunciados de la alta autoestima.

Puesto que el *sentirse* amado es tan crucial para la salud emocional y el autorrespeto, será muy provechoso que todos y cada uno de nosotros reexaminemos el clima que brindamos. Sólo cuando establecemos encuentros personales seguros permitimos que nuestro hijo se confirme a sí mismo. Y de ese modo le damos un regalo invalorable, que no consiste sólo en la mera vida biológica, sino también en la paz interna y en la integridad.

III

LOS SENTIMIENTOS NEGATIVOS

Y LA AUTOESTIMA

14

COMO TRATAR
LOS SENTIMIENTOS DEL NIÑO

La gran paradoja

La mayoría de nosotros maneja los sentimientos de los niños *exactamente* de la manera que más le desagrada. Es esta una paradoja que pocos se detienen a considerar.

Cuando uno comparte sus sentimientos personales, no busca juicios, ni lógica, ni razones, ni consejos. No desea que sus sentimientos se vean dejados de lado, ni negados, ni tomados a la ligera. No obstante, veamos algunas reacciones típicas ante los sentimientos de los niños:

—¡Mamá, Juan acaba de mandarme al diablo! ¡Estoy tan indignada que apenas puedo tolerarlo! — estalla Catalina.

—Mira, querida, ya te dije que no le hagas caso. Tu abatimiento de la semana pasada fue nada más que gastar energías inútilmente— sonríe su madre.

La madre acaba de decirle a Catalina que su preocupación anterior no tenía sentido, cosa que Catalina ya sabe, y no quiere que se lo "pasen por la nariz".

* * *

—¡Ojalá no tuviese hermano; el que tengo es una rata! — agoniza Hugo.

—¡Hugo! ¡Lo que acabas de decir es *espantoso*! Si algo le

ocurriera a tu hermano, te sentirías terriblemente mal por tener semejantes pensamientos– reprende su madre.

(La madre de Hugo juzga y avergüenza a su hijo, en vez de prestar ayuda en el colosal caso de celos que tiene ante los ojos.)

* * *

– ¡Odio la escuela! ¡Todo lo que aprendemos en clase es aburridor e inútil! – dice Cora.

–Querida, una buena educación básica te ayudará a conseguir la clase de trabajo que quieras tener más adelante– pontifica su padre.

(Este señor dice a su hija que el aburrimiento y el desinterés están fuera de la cuestión. Según parece, cree que la lógica sensata barre con los sentimientos, cosa que no puede estar más lejos de la verdad.)

Todos los adultos de nuestros ejemplos eran bien intencionados y, sin duda, ninguno advirtió que su respuesta era un "freno para los sentimientos". Pero basta con colocarse en el lugar del que recibe tales respuestas para imaginar las reacciones que han de producirse en él. Lo verdaderamente patético del caso es que no nos damos cuenta de que semejantes respuestas son destructivas a largo plazo.

Sea cual fuere su edad, sexo, raza o condición de vida, es antes que nada *la búsqueda de comprensión lo que hace que el ser humano se abra* a los demás en materia de sentimientos. No obstante, cuando los niños comparten sus emociones con nosotros, nuestra actitud típica consiste en darles instrucciones acerca de lo que deben o no deben sentir.

En el manejo de las emociones, rara vez damos lo que anhelamos para nosotros.

Por qué son un problema los sentimientos

¿Por qué es tan proble   el manejo constructivo de los sentimientos?

La mayoría de nosotros vio sus propios sentimientos sometidos al manejo propio de los métodos tradicionales que imperan en nuestra cultura, y actúa de la misma manera ante sus hijos. Notemos con cuánta frecuencia desatamos el razonamiento, la lógica, el juicio, el consenso, la reafirmación y la negación cuando expresamos un sentimiento negativo.

Pese a que los sentimientos negativos son un hecho de la vida, prácticamente a todos nos enseñaron que *no debemos* tenerlos. Y nos convencemos de ser menos valiosos o menos maduros cuando tales sentimientos se nos presentan. El hecho es que nadie puede vivir día a día con otro sin conflictos, y que los conflictos engendran sentimientos.

Entre tanto, somos pocos los que tenemos conciencia de que la manera más rápida de liberarse de las emociones negativas (y la única manera de asegurarse de que no se transformen en síntomas malsanos) consiste en alentar su expresión.

Los sentimientos negativos que se expresan y aceptan pierden su poder destructivo.

Por otra parte, los padres no reciben instrucción en cuanto a la habilidad necesaria para aliviar las emociones negativas. No es extraño, pues, que tantos fracasen en el manejo de los sentimientos, particularmente los negativos.

Los sentimientos producen cambios corporales

Los sentimientos son un arma de supervivencia, ya que movilizan el cuerpo para la acción. Bajo la tensión de las emociones intensas, entran en acción ciertas glándulas, que producen cambios fisiológicos mayores. Aumenta el ritmo cardíaco; la sangre, concentrada en el sistema digestivo, es enviada hacia los grandes músculos del cuerpo; el hígado vierte azúcar en el torrente sanguíneo para proveer energía adicional; también se vuelca adrenalina en la sangre; el tiempo de coagulación disminuye; la respiración se hace más rápida; se activan las glándulas sudoríparas; los grandes músculos se tensan para la acción. En resumen, el cuerpo se prepara para la lucha o la huida. Las emociones intensas nos transforman en personas químicamente distintas.

En semejantes momentos, el que alguien nos diga que nos calmemos carece de efecto alguno. Aunque accedamos externamente, nuestro interior sigue su marcha. Nuestros oídos oyen el pedido, pero nuestras glándulas no. Para trabajar constructivamente con las emocions, debemos reconocer que estos cambios fisiológicos son desatados por los sentimientos, y que *no* se los contiene con órdenes. De hecho, la orden de terminar con el sentimiento sólo aumenta nuestra frustración, y eso hace que nuestras glándulas trabajen todavía más vigorosamente.

Pensemos en algún momento en que hayamos estado verdaderamente trastornados, y en vez de decirnos que no debíamos sentirnos así, hicimos algo por el sentimiento. Tal vez hayamos fregado el piso de la cocina con violencia, o jugado un vigoroso partido de tenis, o desyerbado los canteros, o aplicado el golpe más poderoso de nuestra historia golfística. Acaso volcamos el sentimiento sobre un interlocutor comprensivo, o simplemente nos permitimos un "buen" llanto. ¿Cuál fue el resultado? El alivio.

Cuando los sentimientos se expresan mediante la acción física vigorosa, la arcilla, la pintura, el teatro, la música o las palabras, la energía envuelta en la emoción se descarga. El cuerpo regresa entonces a su estado de equilibrio inicial.

La expresión de los sentimientos descarga la energía emocional.

El costo de los métodos tradicionales

Cuando los sentimientos negativos se reprimen, el cuerpo permanece en estado de tensión. Una vez que se han acumulado las presiones, su alivio se produce a través de diversas válvulas de salida. Las emociones contenidas pueden volverse contra el yo (jaquecas, sonambulismo, hiperactividad, onicofagia, obsesiones, enfermedades psicosomáticas), o bien volcarse hacia afuera, en forma de hostilidad hacia los demás y hacia la sociedad.

El que la capacidad mental del niño se encuentre *disponible* para su empleo depende de la medida en que él se encuentre emocionalmente atado. La represión actúa como un dique, capaz de transformar el río de la inteligencia en arroyo insignificante. En algunos jovencitos se observaron saltos de entre 60 y 100 puntos en el coeficiente de inteligencia apenas se eliminaron sus bloqueos emocionales. Los niños no pueden aprender de las páginas impresas cuando se encuentran enfocados hacia adentro.

Las energías que se frenan con la represión no quedan disponibles para propósitos constructivos. El torbellino interno constante lleva a la fatiga crónica y aminora la resistencia a las enfermedades físicas. Nótese con cuánta frecuencia las enfermedades que padecemos siguen a períodos de tensión emocional. Otra desventaja de la represión reside en que se trata de un control indiscriminado, que no sólo encierra las emociones negativas, sino que también lo hace con las cálidas y positivas. El niño reprimido se mantiene casi siempre controlado, distante y frío.

Se podría argüir que el niño "modelo" reprime sus "malos" sentimientos y sigue siendo "bueno". El comportamiento modelo no es la conducta saludable y positiva de que hablamos. El niño modelo actúa como si leyera todo lo que hace de un libro sobre etiqueta. Su "buena" conducta no surge espontáneamente de un desborde de alegría y contento íntimos.

Efectos de la represión sobre la autoestima

Como si las desventajas señaladas fueran poco, la represión causa estragos en la autoestima. Nuestras maneras tradicionales de manejar las emociones negativas alejan a los niños de nosotros. Les dicen que partes muy reales de su ser son inaceptables. Por autorrespeto, los niños bien pueden tratar de ocultar tales sentimientos hasta de sí mismos, y bloquearlos de manera que no lleguen a su conciencia. De esta manera, se alienan de la totalidad de su humanidad; quedan fuera de contacto con lo que realmente son.

Cuando el niño no se niega a sí mismo los sentimientos prohibidos, sino que se limita a mantenerlos fuera de la vista, llega la conclusión: "Debo de ser una persona terrible para tener estos 'malos' sentimientos." Y allí desaparece su autorrespeto. .

Los métodos tradicionales de manejo de los sentimientos negativos presentan demasiadas desventajas para que continuemos usándolos. Por cierto que existe una alternativa constructiva.

Manejo constructivo de los sentimientos

El manejo constructivo de los sentimientos negativos es un tema de interés vital para quienes vivimos con niños. Mientras inicia usted la lectura de esta parte de nuestro libro, es probable

151

que acudan a su mente una cantidad de preguntas, preguntas pertinentes y legítimas, que acaso ejerzan sobre usted presión suficiente para impedirle asimilar parte de este material inicial necesario.

Para no perder de vista nuestros objetivos veamos primero la fórmula del manejo *constructivo* de los sentimientos negativos, y luego hemos de considerar los muchos temas que acaso quiera indagar el lector: la inquietud acerca de si los sentimientos se deben limitar siempre, su posible temor de aceptarlos, los beneficios de la aceptación, la forma de compartir sus sentimientos, los tropiezos corrientes en el empleo de este enfoque y, por último, la forma de reparar lo hecho hasta el momento, si es que uno ha estado aplicando métodos no constructivos.

He aquí la fórmula para manejar constructivamente los sentimientos: cuando las emociones —positivas o negativas— se presentan, trabajamos en bien de la salud cuando *escuchamos con empatía, aceptamos los sentimientos y proveemos válvulas de escape aceptables.*

En el Capítulo Décimosegundo revisamos el significado de la empatía, la importancia de los tonos de la voz y el hecho de que el mensaje total del niño se compone de una parte verbal y otra no verbal. Para poder aceptar los sentimientos, debemos primero aprender a *oírlos.* (Tal vez sea útil releer el Capítulo Décimosegundo, para refrescar nuestra comprensión de la empatía, antes de seguir adelante.)

Centenares de artículos y autoridades urgen a los padres a *escuchar* a sus hijos, y los padres conscientes de sus deberes lo hacen. Atienden a las palabras de sus niños, y mantienen la boca cerrada. En *su* concepto, creen cumplir con lo que se proponen, puesto que aplican la única forma de escuchar que conocen: la de *escuchar pasivamente.* No obstante, si habla uno con los hijos de esas personas, no hace sino oir la queja de siempre: "Mis padres jamás escuchan." ¿A qué se debe esta discrepancia? ¿Acaso los chicos distorsionan los hechos?

No. Ocurre que lo que ellos desean es atención de *cierta clase*, si bien no saben verbalizar este deseo. Cuando hablan, ellos, como todos nosotros, *buscan que los entiendan desde su punto de vista.* Pero no saben si los hemos oído —es decir, comprendido por completo— a menos que nosotros lo *probemos* mediante una clase especial de atención, la *atención activa*[1].

1. Estamos en deuda con Carl Rogers por la creación de este término (*active listening*).

Para manejar los sentimientos constructivamente, debemos establecer una clara distinción entre la atención *activa* y la *pasiva*. Recordemos esto:

La comprensión sólo se puede probar mediante la atención activa.

La atención activa consiste en:

1. prestar atención sensible a los mensajes verbales y *no verbales* del niño; y
2. reflejar empáticamente el mensaje total.

Cuando el niño comunica, quiere pruebas concretas de que su mensaje se recibió. La diferencia entre disponer de esas pruebas y no disponer de ellas depende de que hayamos escuchado pasiva o activamente.

Para comprobar el grado de comprensión que cada uno de nosotros dispensa, hagamos grabaciones magnetofónicas o tratemos de reconstruir por escrito algunos diálogos reales que sostengamos con nuestros hijos y en los cuales se expresen sentimientos. Revisemos estos registros, para comprobar estos cuatro hechos:

1. ¿Quién habla la mayor parte del tiempo?
2. ¿Cómo respondemos a los mensajes de nuestros hijos? ¿Empleamos los "frenos de sentimientos" tradicionales (juicios, razones, aprobación, negación)?
3. ¿Nos mantenemos silenciosamente atentos, o reflejamos el mensaje *total* del niño en forma activa y empática?
4. ¿Cómo nos sentiríamos si alguien tratara nuestros mensajes como nosotros tratamos los de nuestro hijo?

Si en nuestro registro hallamos que hemos sacado a relucir nuestras palas verbales y tratado con ellas de enterrar los sentimientos de nuestros hijos a la manera tradicional, no nos descorazonemos. Estas reacciones aprendidas se pueden eliminar. Podemos pasar a trabajar constructivamente con los sentimientos negativos, de manera que nuestros hijos se liberen de tales reacciones, y no tengan que recurrir a la represión o a los síntomas psicosomáticos.

Escuche usted, lector, conversar a otras personas. Vea si le es posible identificar las respuestas que se dan unas a otras. Es probable que se sorprenda al comprobar con qué frecuencia ninguna de las partes escucha activamente a la otra. Cada una de ellas envía su mensaje afanosamente, pero ninguna demuestra haber comprendido el punto de vista de la otra.

Si en el registro que haya hecho usted, sus propias palabras figuran poco o nada, usted sólo escuchó pasivamente, y su hijo no tiene garantías de que haya usted entendido realmente cómo se siente él. Para comprobar este aserto, pregúntese a sí mismo si usted se habría sentido comprendido por alguien que tratase su mensaje como usted trató el del chico. Si usó usted un grabador, preste estrecha atención a los tonos de su voz. En ellos hallará los elementos que marcan la diferencia entre haber simplemente rotulado el mensaje del niño, o haber sintonizado el mensaje en su propia longitud de onda.

Nadie se siente realmente comprendido cuando sus emociones resultan encasilladas o catalogadas. No es comprensión intelectual lo que anhelamos, sino entendimiento cálido y cordial. La rotulación fría y objetiva enseña al niño a ir con sus emociones a otra parte.

Aceptación de los sentimientos

Aceptar los sentimientos significa permitir que el niño experimente sus emociones sin que se lo juzgue. Esto es más fácil cuando uno se rehúsa a juzgar sus propias emociones, y cuando ve en su hijo a una persona totalmente separada de uno mismo (véase Capítulo Décimoprimero). Rara vez se puede fingir la aceptación: para ser útil, tiene que ser genuina.

Parte importante de la aceptación de las emociones consiste en liberarse la mente de las categorías "bueno y malo". Quien no lo hace así, está siempre pendiente de las prohibiciones de estilo bíblico. Esta manera de pensar puede tener sentido en el terreno de los hechos, pero está completamente fuera de lugar cuando de sentimientos se trata. Las emociones existen, y tenemos que manejarlas como realidades que son.

Provisión de válvulas de escape aceptables.

Alentemos a los niños de ocho y más años a que hablen de

sus sentimientos. Seamos oyentes activos y empáticos. Los niños de menor edad no siempre logran expresar sus sentimientos con palabras, en particular cuando los dominan emociones fuertes. En este caso, respondamos a sus mensajes corporales, y traduzcámoslos nosotros al lenguaje hablado.

Alicia trata de tomar un trozo de dulce de la heladera. Su madre detiene la mano de la pequeña, que da sus primeros pasos, y cierra rápidamente la puerta de la heladera. Alicia se pone rígida, su rostro se congestiona, aprieta los puños, y lanza un "I-i-i-o" desde el fondo de los pulmones. Su madre refleja intensamente la emoción de la niña: " ¡Ooooh! ", dice. "No *quieres* que mamá te detenga. ¡Eso hace enojar mucho, mucho, mucho a Alicia! " (Con esto, la madre transforma en palabras el lenguaje corporal de su hija, y prueba que *comprende* cómo se siente ella.)

Alicia mira a su madre, hace una seca afirmación con la cabeza, y rezonga: "Mamá mala, mala, mala", mientras sale de la cocina.

A veces es necesario que las emociones del niño se actúen, especialmente cuando se trata de emociones intensas. Habrá entonces que proveer válvulas de escape que *no dañen a personas, y tampoco propiedades valiosas*. Ofrezcamos pinturas, papel y lápices de color, arcilla o títeres, o bien substitutos para el objeto de la ira (animales de trapo, juguetes baratos, almohadas). Por supuesto que se presentarán ocasiones en las cuales no dispongamos de válvulas de escape aceptables: cuando hayamos salido de compras, por ejemplo. En ese caso, reflejemos verbalmente los sentimientos del niño, fijemos límites para su conducta, y démosle la oportunidad de ventilar el conflicto cuando volvamos a casa. (Volveremos sobre la limitación de los sentimientos poco más adelante.)

Gregorio jugaba en el patio, y sus dos años estallaron en gritos y pataleo cuando su madre lo llevó, alzado, dentro de la casa. Ella reflejó categóricamente su actitud: "Estás furioso; no quieres ir de compras conmigo. Te gustaría golpear a mamá, esa mamá mala, que te hace hacer lo que no quieres."

Nota: Recordemos que la atención activa consiste en considerar el punto de vista del otro. Y que *no implica estar de acuerdo o en desacuerdo* con ese punto de vista. Aquí, la madre de Gregorio demuestra comprender que, en ese momento particular, su hijo la ve como mala, porque ella le impide jugar. El reflejar sus sentimientos *no* significa que apruebe su actitud.

Ella tiene sus razones para llevarlo consigo de compras. Pero hace saber a Gregorio que este no tiene por qué adaptar su manera de ver las cosas a la de ella: le permite ser dueño de sus sentimientos, que en este momento y lugar se encuentran completamente separados de los de ella.

Gregorio trataba de darle un buen puñetazo. Ella colocó un almohadón en el piso, y le dijo:

—No puedo permitir que me golpees, pero este almohadón soy yo. A ver, muéstrame lo que te gustaría hacer.

Gregorio se arrojó sobre el almohadón y le dio de golpes. Lo mordió. Después, lo levantó y lo arrojó contra la pared.

—Uno se siente bien cuando le da una paliza a esa mamá. Cuando la golpea, y la patea y la arroja por el aire. No quieres venir conmigo: ¡de ninguna manera! —decía la madre.

Poco a poco, la ira de Gregorio se fue disipando. Dio al almohadón un último puntapié suave, y fue a su cuarto a buscar su osito, para llevarlo de compras.

La madre de Gregorio ayudó a su hijo a ventilar sus sentimientos, primero al expresarlos en palabras, y luego al brindarle una válvula de escape que le dio ocasión de actuar sus emociones sin causar daños serios. Se le permitió, así, mantener su autorrespeto como persona, que no era menos valiosa por el hecho de poseer reacciones violentas.

A veces, los niños necesitan dar salida a sus sentimientos cuando no disponemos de tiempo para estar con ellos. En estos casos, son muchas las ocasiones en que podremos mantenerlos ocupados en desahogarse hasta el momento en que podamos volver a ellos.

Guillermito aporreaba a otro chico durante el recreo del jardín de infantes. La maestra separó a los contendientes justo en el momento en que comenzaba a sonar la campana. Sabía que Guillermito era un volcán de sentimientos intensos, y que probablemente pondría al jardín de infantes sobre ascuas si ella no lo ayudaba a dar salida constructiva a sus emociones. Pero aunque quería ayudarlo, debía atender a los demás niños.

Al entrar en el aula, lo llamó aparte, y le dijo:

—Sé que estás muy disgustado, Guillermito. ¿Quisieras dibujar lo que sientes?

—Claro que sí— fue la respuesta.

Cuando los otros niños estaban silenciosamente absorbidos en otra actividad, la maestra se acercó a Guillermito.

—¿Puedo ver tu dibujo? — le preguntó.

Guillermito le entregó el dibujo de un enorme gallo que lanzaba feroz mirada sobre un pollito muy pequeño.

—¿Puedes explicármelo? — volvió a preguntar ella.

—Sí—, dijo él, en tono categórico. Este (señalaba el gallo) soy *yo*, y esta (apuntó al pollito) eres *tú*.

—Ah, te gustaría ser más grande y fuerte que yo—, comentó la maestra.

— ¡Claro que sí! —, dijo Guillermito—. Nos interrumpiste justo cuando yo estaba ganando. Ahora me gustaría interrumpirte cuando tú estés ganando. ¡Entonces verías cómo te enfurecerías *tú*! (Pausa) Bueno, ¿y qué están haciendo los otros chicos?

Y Guillermito se tranquilizó por el resto del día.

La expresión inofensiva de sus sentimientos permitió a Guillermito volver pacíficamente a las actividades del aula, e impidió que incurriera en otras faltas de conducta. También le ayudó a conservar su autorrespeto.

No todos los sentimientos negativos se pueden aliviar mediante dibujos, frases cortas o gestos. A veces, el darles salida cuesta mucho más tiempo, especialmente cuando se encuentran acumulados. El tiempo que se tarde en aliviar las emociones reprimidas depende del volumen de la acumulación y de la seguridad que sienta el niño para expresarlas.

En su papel de padre, uno no es terapeuta; pero puede crear un clima terapéutico si ayuda a sus hijos a expresar los sentimientos a medida que estos se desarrollan (y si los sentimientos reprimidos son excesivos, o uno se siente incapaz de manejarlos, debe buscar ayuda profesional).

El hecho de que aliviemos nuestras emociones hoy no significa que mañana no ha de haber otras que exijan expresión. Los niños caen a diario en situaciones que generan en ellos sentimientos intensos. El poder expresarlos a medida que se presentan evita las acumulaciones, que realmente afectan sus vidas.

Limitación de los sentimientos

— ¡Voy a decirle a esa niñera que no me gusta! — dice Luisa a su madre, en el momento en que esta se prepara para una salida nocturna.

—¿*Realmente* no te gusta? — comenta la madre—. Me alegra saber lo que sientes, pero nuestra niñera no acepta esta clase de conversaciones, de modo que, por favor, no se lo digas. Mañana hablaremos del asunto, y veremos qué se puede hacer.

* * *

—Mamá, hoy fue un día desastroso para mí, en la escuela— dice Edith a su madre, cuando ella ya está en la puerta de calle, camino del salón de belleza.

—Edith— contesta la madre—, me gustaría realmente que me contaras cómo fue, pero si no salgo ahora mismo perderé mi turno. A las cuatro voy a estar de vuelta, y entonces dejaré cualquier otra cosa de lado para que conversemos.

* * *

Robertito quiso súbitamente ventilar sus iras en momentos en que estaba con su familia en un restaurante.

—Hijo—, le dijo su padre —estás terriblemente fastidiado, y me gustaría estar contigo en ese sentimiento, pero tendremos que esperar hasta salir de aquí. Este no es el lugar adecuado. Saldremos dentro de unos quince minutos.

* * *

Todos estos padres, ¿tratan de cerrar las válvulas de expresión de sentimientos negativos de sus hijos? No. Lo que hacen es ayudarlos a afrontar límites realistas. Hasta la expresión de los sentimientos necesita que se la limite de acuerdo con:

cierta gente: las personas que sean capaces de comprender empáticamente,
ciertos momentos: las horas que resultaren apropiadas, y
ciertos lugares: la privacidad de la familia.

Mientras el niño sepa que dispone de salidas, podrá recurrir a controles temporarios.

Habrá momentos, además, en que usted mismo no podrá atender empáticamente. Puede ocurrir que se lo impidan otras ocupaciones que no admitan postergación, o el cansancio, o la preocupación, o la ansiedad.

Jamás tratemos de ayudar al niño a expresar sus sentimientos cuando nuestras presiones externas o internas no nos permitan escuchar honestamente.

Nada peor que la empatía fingida, puesto que ella mina la confianza, piedra fundamental de las relaciones que nos alimentan.

Si el niño quiere que lo escuchemos y ello no es posible en el momento, fijemos el límite. La respuesta podría ser: "Sé que necesitas hablar ya mismo, pero estoy demasiado inquieto para escuchar. Apenas ponga en orden mis propios sentimientos, trataré de ayudarte con los tuyos." El encuentro prometido se debe realizar lo más pronto que sea posible. Parte de la ayuda que se puede prestar a los niños para que manejen sus sentimientos en forma realista consiste en enseñarles que la manifestación de los mismos debe producirse dentro de los límites de la gente, los momentos y los lugares apropiados.

Temores en torno de los sentimientos

La mayoría de nosotros está tan impregnada por la creencia de que lo mejor que se puede hacer es reprimir o comandar los sentimientos negativos, que teme su expresión misma, no hablemos ya de su aceptación.

—Vean— nos dijo la señora P.–, si dejo a mis hijos expresar sus sentimientos, la cosa sigue durante horas enteras. Y de hecho, ellos se ponen peor. No veo qué sentido tiene eso de alentar un torrente de quejas.

—Yo estoy de acuerdo con la señora P.— intervino el señor R.— Antes, cuando mi hija lloraba, yo trataba de desviar su atención hacia algo que le resultase placentero. "Bárbara", le decía, "te sentirás bien en un momento", o bien "Anda, sé la nena buena de papá". Después leí sobre eso de aceptar los sentimientos, y la siguiente vez que Bárbara se golpeó, yo dije "¡Caramba, eso sí que dolió! ". Entonces ella lloró como nunca. Al reflejar sus sentimientos, la hice sentirse mucho peor que cuando la hacía olvidarse de ellos.

– ¡Tiene razón! – coincidió la señora W. –Hace unos días, me sentí terriblemente lastimada por una observación tajante que me hizo una vecina, cosa que se sumó, para mí, a toda una mañana de frustraciones. Horas después, me telefoneó una amiga, y yo le conté la anécdota con toda tranquilidad. Ella fue tan empática, que cuando me di cuenta, estaba yo haciendo pucheros como una nenita. *Su comprensión no hizo más que agravar mis sentimientos.*

Esta clase de reacciones ante la manifestación de los sentimientos es muy común. Pero observemos lo ocurrido más de cerca.

Si el señor R. acostumbraba reprimir o desviar los sentimientos de dolor de su hija, el permitirle súbitamente expresarlos pudo haber sacado a relucir no sólo los sentimientos correspondientes al nuevo golpe, sino todos los anteriores, que habían sido reprimidos. No es extraño que la niña haya llorado como nunca.

En cuanto a la señora W., las frustraciones de toda la mañana se agregaron a la ofensa de la vecina. Dijo esta señora que la empatía sólo agravó sus sentimientos. Hubiera estado más cerca de la verdad si hubiese dicho que *la comprensión le hizo imposible mantener sus sentimientos bajo control*. Los sentimientos ya existían; la empatía no hizo más que alentar su expresión.

> **La comprensión nunca empeora los sentimientos; lo que hace es permitirles que se revelen.**

Como padres pensantes, debemos hacernos la siguiente pregunta: *¿qué otra cosa puedo hacer, como no sea dejar que mis hijos expresen sus sentimientos?* De una manera o de otra, las emociones siempre hacen sentir su presencia.

El temor de que los sentimientos empeoren al expresarse tiene cierta validez cuando se pasan por alto los resultados a largo plazo. Se puede establecer analogía entre la ventilación y lo que ocurre al abrir un forúnculo. Cuando el médico corta la primera capa de piel, el material supurado y la sangre hacen que la zona parezca haber empeorado. Pero es necesario eliminar la infección; debajo de ella se encontrará tejido sano y rosado.

Lo mismo ocurre con los sentimientos negativos. Cuando se los libera, tal vez al principio parezcan empeorar; a medida que se aceptan los sentimientos originales, suelen presentarse otros, más intensos, y esto puede convencernos de que debiéramos haber dejado las cosas como estaban. Pero sólo mediante la expresión y la aceptación de las emociones podemos evitar que ellas causen daño. Sólo al ventilarlas se deshace uno de ellas.

Cuando de drenar emociones se trata, debemos ser un oyente activo. *Evitemos caer en la tentación de probar con los qué y los por qué.* Sintámonos como "liberadores de sentimientos", y no como "buscadores de hechos" ni como "jueces de la evidencia".

Precaución: si agobiamos al niño con juicios en el momento en que afloran los sentimientos más intensos, lo que hacemos es cerrar violentamente las puertas de la comunicación. Abstengámonos de la aceptación limitada. Tenemos que estar preparados para aceptar lo suave y lo grave.

La mayoría de los niños descubre rápidamente con qué fuerza se atreve a expresarse. Pero quien acepta únicamente los sentimientos inofensivos obliga a su hijo a manejar a solas sus emociones intensas. El resultado será la baja autoestima (saben lo que se esconde en su interior), la autoalienación (niegan tales sentimientos hasta para sí mismos), o la expresión disfrazada de las emociones en cuestión.

Muchas otras personas vacilan en dejar que los niños expresen sus sentimientos negativos por temor de que ellos traten de ponerlos en acción. Eso es justamente lo que suelen hacer. Digámosle a un chico de tres años "Quieres realmente golpear a tu hermanito", y él estará sinceramente de acuerdo y procederá a aporrear al otro. Puesto que sus controles son limitados, es necesario fijar límites a su conducta *antes* de responder a sus sentimientos, y luego ofrecer rápidamente una válvula de escape.

El enseñar a los niños que pueden comportarse irresponsablemente no los prepara para vivir pacíficamente en sociedad. El control de las conductas dañinas forma parte de la madurez. Cuando enseñemos a los niños a manejar constructivamente los sentimientos, insistamos en que dichos sentimientos deben actuarse *sólo* de manera que no dañe al niño mismo, ni a otros, ni las cosas de cierto valor.

Beneficios de la liberación de los sentimientos

La aceptación de los sentimientos negativos brinda alivio emocional, evita la represión y enseña al niño que sus sentimientos no le hacen perder valor. De este modo, podrá él mantenerse en contacto consigo mismo tal cual es en verdad, y aceptar la humanidad de los demás.

La expresión de los sentimientos ayuda a los jovencitos a ver sus problemas con más realismo, y no a través de la niebla de las emociones rechazadas.

Veamos un ejemplo: Margarita, de dieciséis años, estalla contra una de sus profesoras. Su madre refleja empáticamente:

—Sientes que es simplemente imposible.

—Por completo. Nos arroja toda una montaña de trabajo, y parece creer que no tenemos otra cosa que hacer que lo que ella manda. ¿No sabe que tenemos otros cinco profesores, que también nos dan tareas difíciles? ¡Qué mujer estúpida!

—Su falta de consideración te afecta *realmente*—, responde la madre.

—Sí. Claro que no es la única que nos carga de trabajo, pero por alguna razón no me importa cuando lo hacen los demás.

—Algo hace que sea más difícil tolerar a la señorita Y.

—Eso es—, concuerda Margarita. Piensa en silencio un momento, y luego agrega, concienzudamente: —¿Sabes? Creo que la razón por la cual no me agrada es que enseña matemática, y yo odio la matemática. Cuando los demás profesores nos ordenan grandes tareas, yo las puedo realizar sin tanto sacrificio pero, cuando se trata de matemática, directamente ni sé qué estamos haciendo. Es como escalar una pared: cada centímetro de avance me cuesta una verdadera batalla.

—Entonces, el disgusto no es tanto por la señorita Y. como por la matemática. ¡Ese es un pensamiento claro!

—Sí. Mira, mamá, creo que necesito que me ayude una profesora particular; estoy cada vez más atrasada. En resumidas cuentas, no es que Y. me parezca tan miserable, sino que esa maldita matemática me hace sentir miserable a mí.

La ventilación de sus sentimientos y el saberse comprendida ayudaron a Margarita a definir el problema real; así supo elaborar su propia solución, cosa beneficiosa para su sentido de ser eficiente.

El niño cargado por dentro estalla a la menor provocación, ve los menores tropiezos como obstáculos gigantescos y pierde su sentido de la perspectiva. Nadie se entiende con los demás si está en constante batalla consigo mismo.

Todas las ventajas se acumulan del lado de la comprensión empática y la liberación de los sentimientos negativos por medio de salidas aceptables. Este enfoque se refleja en salud emocional y física, junto con competencia intelectual y social. Y permite que el niño se diga: "Tengo muchos sentimientos de toda clase, pero igual me valoran. Mis padres me ayudarán a elaborar mis sentimientos; no van a dejar que yo ande solo y a los tumbos.

Transmisión de nuestros sentimientos

Para nutrir a su hijo, ¿deben los padres limitarse a escuchar y reflejar? ¿Nunca pueden responder desde su punto de vista?

La comunicación es una calle de dos manos. La necesidad de transmitir puede afectar tanto al progenitor como al hijo. El secreto reside en la secuencia del intercambio. Cuando el solo escuchar no basta para llegar al nudo de la cuestión que se plantea, el progenitor debe hablar. Sin embargo, enviar nuestro mensaje cuando el niño está alterado es algo así como tratar de empapelar un cuarto lleno de vapor. El papel no se adherirá a las paredes hasta que se elimine el vapor. Lo mismo ocurre con los sentimientos. El niño no puede oírnos cuando lo conmueve la emoción.

A menudo, cuando vemos al niño embargado por sus sentimientos nos apresuramos a enviarle nuestro mensaje, y lo que decimos llega a oídos sordos. Si bien existen ocasiones en que resulta muy apropiado enseñar, persuadir, aplicar la lógica, compartir reacciones (¡nunca juicios!) y hasta serenar, el secreto para hacerlo estriba en *elegir el momento oportuno*. La regla a seguir es la siguiente: *Dejar que afloren los sentimientos antes que cualquier otra cosa*.

Suele ser de gran ayuda el recordar que uno volverá a ver al niño mañana. Así, pues, se limitará hoy a escuchar activamente, y reservarse su mensaje. Es más probable que este surta efecto si lo enviamos mañana. Si eso nos parece mucho esperar, practiquemos postergar dicho mensaje por lo menos durante media hora.

Como recordaremos del Capítulo Noveno, cuando transmitimos nuestros sentimientos en forma de "reacciones del yo", y no de "juicios del tú", hacemos más probable el que el niño nos escuche, en vez de ponerse a la defensiva o ignorarnos.

Todas las ideas que uno comparte (una vez ventilados los sentimientos del niño) tienen más probabilidades de caer en suelo fértil cuando se las ofrece con verdadero respeto. El señor P. dice: "Hijo, he estado pensando en la posibilidad de...", o bien "Según las experiencias que he tenido...". Esta manera de abordar la conversación es menos proclive a encontrar resistencia o antagonismo que otras por el estilo de "Bien, si no haces esto y esto, no tendrás tal otra cosa", y de "Lo que tienes que hacer es...", y de "Bueno, es obvio que lo mejor que puedes hacer...".

Cuando el problema de que se trata atañe sólo al niño, todo lo que podemos hacer (tras haber escuchado cuidadosamente) es ayudarlo a buscar alternativas, ofrecerle posibilidades, o compartir experiencias que hayamos encontrado útiles en ocasiones anteriores. En último análisis, será el niño quien tenga que poner en práctica las soluciones. Cuanto más lo ayudemos a generar sus propias ideas, más estaremos fomentando su independencia y autorrespeto. Cuando abrumamos a los jovencitos con las joyas de la sabiduría, los hacemos resistirse a mirar las puertas abiertas que podamos sugerirles.

(Cuando el problema a solucionar sea también de nuestra incumbencia directa, empleemos el enfoque democrático para encarar el conflicto.)

Tropiezos corrientes

Cuando se manejan sentimientos, debemos mantenernos alerta ante ciertos peligros corrientes. Uno es la tentación de reprender al niño en nombre de sentimientos que este haya revelado con anterioridad.

Una mañana, la madre de Zulema escuchó con verdadera comprensión la manifestación de los celos de esta por su hermana. Dos días después, se puso furiosa porque Zulema dejaba una y otra vez de hacer sus tareas de ayuda en la casa. Y estalló: " ¡No haces tus tareas, y tienes el descaro de sentirte celosa de tu hermana, que por lo menos jamás deja de hacer las suyas! " Cuando los sentimientos revelados por ellos se transforman en armas en manos de sus padres, ningún chico habla.

Una reacción común ante la necesidad de escuchar la expresión de los sentimientos es la de los que sostienen que "lleva demasiado tiempo". En realidad, la descarga bien puede durar unos pocos minutos, como vimos en el caso de Guillermito, el niño que dibujó su reacción hacia la maestra del jardín de infantes.

A veces, en cambio, es cierto que lleva tiempo. Oigamos a la señora E. "Un día de la semana pasada, escuché durante toda una hora a Gloria, que derramaba sus sentimientos. A la tarde siguiente, volví a prestarle atención, mientras ella realizaba una pila de dibujos. Recién al tercer día de hablar y dibujar se disiparon sus tensiones."

Si el tiempo que empleamos en la atención empática nos parece excesivo, consideremos las horas que gastamos en entendérnoslas con la conducta negativa. En las palabras de la señora V. "Me siento como si espantara moscas todo el día. No hago más que decir 'Basta', y los chicos dejan de hacer eso para, a los cinco minutos, empezar con otra cosa tan fastidiosa como la anterior. Dejan de pellizcarse, y empiezan a aporrearse. ¡A veces, no hago más que rezongar todo el día! "

La señora V. tenía que actuar "como espantadora de moscas" debido a que sólo se ocupaba de los *actos* negativos; jamás tocaba los *sentimientos* negativos.

Una regla básica acerca de la conducta humana: los sentimientos negativos son anteriores a los actos negativos.

Si a Susana le sube la fiebre a cuarenta grados, y su madre se limita a ponerle una bolsa de hielo en la cabeza, nos sentiremos tentados de decirle: "Oiga, señora, ¿no sabe que así sólo está tratando el síntoma? ¡Si espera curar la fiebre, tendrá que averiguar su *causa*! " No obstante, y puesto que muy pocas personas tienen conciencia del hecho de que las *emociones negativas* son los "gérmenes" que *producen los actos negativos*, seguimos tratando de remediar la conducta negativa con métodos como el de la bolsa de hielo.

Nos concentramos en el acto, e ignoramos los sentimientos que lo causaron.

Pensemos en nosotros mismos. Jamás somos tajantes, a menos que tengamos un sentimiento íntimo de infelicidad. No castigamos, ni reprendemos, ni "estallamos" sin que se hayan acumulado ciertas tensiones en nuestro interior.

Los niños operan según el mismo principio. Se pellizcan y se golpean, lloran o están preocupados, lastiman a otros o los fastidian, después de experimentar ciertos sentimientos. Es lógico, entonces, que para eliminar el comportamiento indeseable tengamos primero que vérnoslas con los sentimientos. Las bolsas de hielo no sirven para mejorar la conducta negativa.

El último peligro consiste en que el saber todo lo necesario acerca de la atención activa y la canalización de los sentimientos no sirve para nada, a menos que *apliquemos* esos conocimientos. *Las intenciones no substituyen la práctica diaria.*

El trabajo de reparación

¿Qué podemos hacer cuando, mientras tratamos de comprender a nuestro hijo, volvemos inadvertidamente a nuestra anterior condición de "frenadores de sentimientos"? Comenzaremos por ser honestos. Digámosle que estamos aprendiendo un nuevo método, o que nos resulta difícil manejar ciertos sentimientos, porque a nosotros nos enseñaron que estos eran inaceptables (esto hará recaer la responsabilidad donde corresponde: sobre la enseñanza que usted tuvo anteriormente, y no sobre él). Tratemos de ganarnos su ayuda. Podemos hasta crear un juego de familia, que consista en "descubrir a los frenadores". Comprometamos a todos los que nos rodean en la caza de estos alienadores: los juicios, las negaciones, los razonamientos inoportunos, el consuelo y el consejo. Tal vez nos sorprenda la velocidad con que se cierren las brechas en la comunicación. Los niños se muestran generalmente encantados de ayudarnos a aprender. Y todos se benefician a medida que aumenta la comprensión.

Aunque repetidas veces no logremos captar los mensajes de nuestro hijo, nuestra negativa a darnos por vencidos le dirá que *nos importa lo suficiente para seguir intentándolo.*

Los jovencitos — en especial los de más edad —, pueden mostrarse, al principio, renuentes a prestarse a la práctica del nuevo enfoque. Enrique nos dijo: "Cuando papá inició esta clase de conversaciones me pregunté qué carta escondería en la manga. Pensé que era el mismo libro con distinta cubierta: un poco de comprensión, y después el fracaso y la vuelta a las viejas peroratas. No creía que papá pudiese cambiar. Pero ahora parece que, por lo menos a veces, comprendiera cómo me siento. Y ha dejado de darme todos esos consejos que yo no puedo aplicar. Comienzo a creer que le importo. Es gracioso: solía pensar que no."

Si nuestro hijo pasó doce o dieciséis años oyéndonos decir que sus sentimientos carecen de importancia y de substancia, necesitará tiempo para adaptarse a nuestro cambio. Tal vez tengamos que ganarnos su confianza en nuestra sinceridad.

Hagámosles *saber* que nos hemos propuesto nuevas metas en lo que concierne a sentimientos. Eso forma parte del juego limpio, ya que les evitará el tener que preguntarse una y otra vez: "¿A qué se debe este cambio repentino?"

Es mucho lo que hay que saber acerca de los sentimientos negativos, pero su manejo constructivo evita tantos problemas, que vale la pena poner nuestros conocimientos en práctica.

Dos emociones en particular —la ira y los celos— presentan tantas dificultades a padres y niños que es necesario considerarlas aparte. Se parecen entre sí en que ambas ocultan otras emociones. Para manejarlas de manera efectiva, es necesario verlas como códigos, que es lo que realmente son.

15

COMO DESCIFRAR
EL CODIGO DE LA IRA

La ira llega después

De compras con su hijo de cuatro años, la señora N. descubre de pronto que este ha desaparecido de su lado. Y comienza una búsqueda frenética en medio de la multitud, con un sudor frío que la cubre al recordar el reciente secuestro habido en su vecindario.

Entonces lo descubre, sentado tras un mostrador, mientras juega despreocupadamente con unos papeles. Tomándolo en los brazos, le da una buena palmada en el trasero, mientras susurra: "*¡Malo*! ¡Sabes bien que no tienes que moverte de mi lado! ¡Como vuelvas a apartarte, te doy una paliza de verdad! ¿me has oído?"

La señora N. está iracunda, pero este sentimiento le llegó después de otro. El primero fue el *temor*.

* * *

El señor E. se afana por ordenar la cochera antes de la visita de unos parientes. No bien él guarda una cosa, su hijo de seis años saca otra de su lugar. La frustración del señor E. aumenta con el sabotaje. De pronto, grita sin la menor consideración: "¡Fuera, Roberto! ¡Ya estoy harto de tí!"

La *frustración* de este padre se transformó en ira, y esta cayó sobre su hijo.

* * *

En una reunión, la señora F. observa las atenciones de su esposo para con otra mujer, considerablemente más joven y atractiva que ella. Cuando él regresa a su lado, ella lo pincha: "¿Qué pasó, Romeo? ¿Te arrojó Julieta de su balcón? "

Al sentirse *amenazada y celosa*, la señora F. disfrazó sus reacciones primarias con sarcasmo, y abofeteó verbalmente a su esposo.

* * *

El señor T. regresa exhausto a su casa. Apenas abre la puerta, sus hijos van a recibirlo mientras le piden de viva voz que les aumente las asignaciones mensuales. "¡Ustedes los chicos, siempre están pensando en dinero! ", brama.

La *fatiga* se transformó instantáneamente en hostilidad.

* * *

Ricardito jaranea con las visitas, y la turbación de su madre va en aumento. Por último, e incapaz de tolerar más, le dice secamente:

— ¡Vete a tu cuarto, y quédate allí hasta que puedas comportarte como un caballero!

— ¡No voy nada, vieja bruja! —retruca el muchacho.

La *turbación* se hizo ira, y la *humillación* se transformó en furia.

Con frecuencia los seres humanos transformamos en ira nuestros sentimientos primarios de preocupación, culpa, decepción, rechazo, injusticia, choque, incertidumbre o confusión.

Rara vez se presenta la ira en primer término.

La ira es un código

El saber que la ira cubre una emoción anterior nos ayuda a manejarla con más eficiencia, tanto en nosotros mismos como en nuestros niños. El verla como un código la hace menos amenazante. Cuando uno desconoce este hecho, es proclive a responder en forma directa, y echar leña al fuego.

La madre de Luisito rechaza el pedido de este de que le permitan dar otra vuelta en la calesita. El razonamiento de que ya es hora de regresar a casa no disipa el deseo del niño. Frustrado e incapaz de lograr lo que quiere, Luisito grita: "Eres mezquina. ¡No te quiero más, vieja gorda! "

El motejar a una persona, o sea el decirle cosas del tipo de "vieja gorda", no es más que una forma de la hostilidad. Es menos agresivo que los golpes, pero cumple la misma función. Si la madre de Luisito sólo presta atención a la furia de este, tal vez se ponga furiosa ella también, y le dé una bofetada o un sermón. Si, por lo contrario, siente la frustración de él (le parezca o no razonable su deseo), es menos probable que empeore la situación al sumar su ira a la de él.

Cómo descifrar el código

—Noches atrás, cuando mi hija me puso un par de motes, reflejé su sentimiento al decirle: "Carolina, estás terriblemente enojada conmigo! "—, relató la señora H.

– ¡Claro que lo estoy! ¿Por qué tengo yo que irme a la cama a las ocho, si Jaime se queda hasta las nueve? El recibe siempre los privilegios, sólo porque es mayor. ¿Qué culpa tengo por haber nacido después?

Invariablemente, *cuando aceptamos la ira por medio de la atención activa, los niños nos conducen al sentimiento subyacente*. El código queda develado, y llegamos al núcleo del problema. En nuestro ejemplo, Carolina dijo a su madre que su hostilidad provenía del hecho de sentirse defraudada.

—Sientes que estás en una situación terriblemente injusta al no tener los mismos privilegios, algo así como que no hay para ti forma alguna de superarlo —reflejó la madre.

—Sí, así es— coincidió Carolina.

—Y te enfurece que papá y yo permitamos esta clase de cosas—, agregó la señora H.

—Exactamente. Fue por ustedes que yo nací en segundo término. Claro que si ustedes tenían más de un hijo, alguno tenía que ser el segundo, pero no me gusta ser la menor.

—Tiene muchas desventajas, eso de ser la menor.

—¡Ya lo creo! Claro, a veces también me gusta, porque no tengo que hacer tantas cosas en la casa como Jaime.

—A veces encuentras ventajas en ser la menor— respondió la madre.

—Sí, me parece que me gustan todas las ventajas, y ninguna de las desventajas— concluyó Carolina, con una sonrisa.

Cuando los sentimientos se transformaron en palabras y se los aceptó, la niebla que los rodeaba desapareció, y salió a la superficie la causa que hizo que la niña motejara a su madre. Al no tener que defender su posición, Carolina pudo advertir que su posición en la familia *sí* tenía algunas ventajas. Además, la empatía hizo que Carolina no se sintiera menos valiosa debido a su deseo, perfectamente normal.

La ira es normal

A la mayoría de nosotros le enseñaron que la ira es "mala", y que no debiera existir. Por nuestra parte, enseñamos a nuestros hijos que es inaceptable. Y así, ellos se sienten menos valiosos en los momentos en que están iracundos.

La ira es uno más de los hechos de la vida: una de las muchas emociones que los seres humanos hemos heredado.

La hostilidad más difícil de aceptar es la que se dirige contra nosotros. Comprendemos las irritaciones contra amigos, hermanos, situaciones y hasta maestros, pero creemos, de algún modo, que *nosotros* debemos estar excluidos.

Sin embargo, la condición de padres implica frustrar a los niños en muchas ocasiones. Vistas desde nuestro punto de vista, las diversas restricciones que imponemos tienen sentido; no ocurre siempre lo mismo desde el punto de vista de los chicos. Si sólo vemos "nuestra parte del elefante", la ira de ellos parece injustificada. La cuestión depende de cuál sea el punto de vista que uno adopte. Por cierto que no se trata de que tengamos que cambiar nuestra posición, sino de que podamos *comprender* el punto de vista del niño, junto con el nuestro.

Un ejemplo de la forma en que los pequeños ven a sus padres es el ilustrado por un grupo de bien dotados niños de cuatro años. Su tema favorito de discusión era ¡"Cómo entenderse con las madres"! Los niños tienen tantas razones para sentirse enfadados con nosotros, que si hay alguno que no lo demuestra, es casi seguro que ha de ocultar su sentimiento.

Desde el punto de vista del niño, *es* difícil vivir con nosotros; hasta con los mejores de nosotros.

El hijo que nos expresa abiertamente su hostilidad nos ofrece, en realidad, un doble ramo de flores. Uno, porque demuestra que lo hemos criado con fuerza bastante para arreglárselas solo: él no es una flor de invernadero. Y el otro, porque demuestra también que lo hemos hecho sentir lo bastante seguro para expresarse directamente.

De modo que si el hijo de usted, lector, le dice "No te quiero", o "Eres mezquino", o "Me gustaría tener otra madre (o padre)", dése unas palmadas de felicitación en la espalda, y quédese junto al sentimiento de él. El lo guiará por encima del código, y entonces podrá usted manejar la verdadera cuestión: las emociones primarias.

Causas de la ira

Todo sentimiento negativo puede transformarse en ira, pero en cada etapa de la vida hay situaciones particulares que la producen más que otras.

En el niño, la hostilidad se relaciona con necesidades físicas y emocionales insatisfechas. El dolor del estómago vacío, la irritación de los pañales sucios o la necesidad de caricias lo hacen gritar por auxilio. Cuando sus necesidades se satisfacen con cierta rapidez, no tiene que enfrentar cantidades agobiantes de frustración. Cuando las frustraciones del niño se mantienen en el mínimo, se reduce, obviamente, el número de los momentos de ira. El hecho es que, en esas condiciones, no pasa grandes partes del día sintiéndose despojado.

La búsqueda de poder, dominio eficiente e independencia causa en el chico en edad preescolar colisiones frontales con quienes lo rodean y con el entorno. Su vida contiene miles de frustraciones.

Puesto que los niños necesitan gran actividad muscular, las restricciones físicas son para ellos verdaderas frustraciones. Cuando Berta era pequeña, la manera de castigarla de su madre consistía en hacerla sentarse en una silla durante media hora. Con el cuerpo que bramaba por ejercicios vigorosos, Berta se levantaba de la silla cargada de frustración. Su madre la consideraba testaruda en extremo. "Dejará la silla" decía, "e inmediatamente hará algo que sabe muy bien no debe hacer." Aquella madre estaba lejos de advertir que el castigo no hacía más que recargar la "batería emocional" de Berta con grandes dosis de hostilidad. No sorprende que se levantara de la silla dispuesta a tomar revancha.

Para reducir la cantidad de los accesos de ira, eliminemos en todo lo posible las frustraciones en momentos en que el niño se somete a grandes ajustes psicológicos debido a su etapa de crecimiento o a circunstancias externas. Para reducir los conflictos, creémosle un ambiente que se ajuste a sus necesidades. Evitemos aislar a un niño iracundo, a menos que él prefiera quedarse a solas. La orden de ir a su cuarto suena a rechazo, y eso sólo puede suscitar sentimientos negativos. La meta a seguir consiste en reducir las cargas emocionales, no en incrementarlas.

Todo esto no significa que la frustración sea en sí y por sí mala para los niños. El secreto reside en *cuánta* frustración recibe el niño *en qué etapa* de su vida y *con cuánta frecuencia*. La cantidad adecuada en el momento oportuno eleva la tolerancia a la frustración, y aumenta la competencia del niño para vérselas con ellas. El recién nacido, por ejemplo, es menos capaz de tolerar las demoras en la comida que el niño de un año; las presiones psicológicas que sufre el de dos años lo hacen menos apto para arrostrar la frustración del de tres. En todo caso, el chico que vive en el exceso de frustración se sensibiliza a los obstáculos. Basta un pequeño raspón para hacerle soltar el peor de los berridos.

A cualquier edad, la hostilidad se ve incubada por las normas no realistas, la disciplina destructiva, los encuentros atemorizantes, la excesiva competencia y la constante comparación con otros.

Es imposible eliminar todas las situaciones que producen ira, pero tratemos de reducir su cantidad. Siempre habrán bastantes ocasiones en que los niños alentarán la ira. Cuando ello ocurra, nuestra tarea consistirá en ayudarlos a expresarla directamente. Eso es, precisamente, lo que hacemos cuando les brindamos comprensión empática mediante la atención activa, cuando aceptamos su emoción y canalizamos su ira por salidas seguras.

Manejo de la propia ira

El primer paso a dar en el trabajo efectivo con la hostilidad consiste en aceptar este sentimiento en nosotros mismos. La vergüenza y la negación de nuestra hostilidad nos harán prácticamente imposible manejar las iras de nuestros hijos, ya que, en estas condiciones, sus impulsos agresivos detonarán nuestros propios arsenales prohibidos de animosidad.

El segundo paso a seguir cuando la ira se presenta en nosotros será el de verla como lo que es: un código que a la vez oculta y delata la presencia de una emoción anterior. La próxima vez que nos enfademos, busquemos la emoción subyacente. Tomemos ese *primer* sentimiento, y compartámoslo: a *él* y no al código. De esta manera, estaremos tratando con la causa de nuestra ira. Es difícil encontrar solución a las emociones disfrazadas. El hábito de manejar la propia ira como lo hemos señalado nos transforma en modelos positivos para nuestros hijos. Además, si compartimos los sentimientos primarios, causaremos menor daño a la autoestima que con ataques verbales agresivos. La ira atemoriza a los niños; al compartir las emociones primarias, haremos que sean menos sus períodos de temor.

Para compartir esos sentimientos primarios, debemos enviar "reacciones del yo" y no "juicios del tú" (véase Capítulo Noveno). Las expresiones de la ira constituyen invariablemente "juicios del tú", que destruyen el autorrespeto. Comprobemos este punto en nosotros mismos. Para ello, bastará con que reproduzcamos por escrito algunas de nuestras tiradas iracundas típicas; veremos entonces con cuánta frecuencia caen dentro de la categoría de los juicios. *Precaución*: En virtud de lo visto, la frase "Estoy furioso" no es una "reacción del yo", puesto que no revela nuestro sentimiento *subyacente*. Esta ventilación no hace sino disfrazar lo que ocurre en el interior de uno.

En muchos grupos de encuentro personal, el atacante se queda con la parte del león cuando tiene la aparente honestidad de manifestarse iracundo. (Mientras que esa ventilación puede aliviarlo a él, también puede dejar a su víctima en estado de inseguridad, o puesta a la defensiva.) Cuando uno sabe que la ira es la niebla que se eleva de otros sentimientos conflictuados, la honestidad total consiste en comunicar su primera emoción.

Los signos de la ira

En general, los niños nos hacen saber directamente que están iracundos. El chico en edad preescolar muerde, golpea, da empellones, grita, escupe o pellizca, y no caben dudas de que está furioso. Cuando se enoja, es capaz de llegar a la pataleta.

175

La forma en que uno vea las pataletas es importante para que pueda arrostrarlas constructivamente. En resumidas cuentas, se trata nada más que de una comunicación intensa, que grita: "¡He perdido todo control! ¡Me siento frustrado por completo!" (Por cierto que algunos jovencitos usan las pataletas como *formas de control*: han aprendido que con gritos y pataleos pueden conseguir lo que quieren. Si esto es lo que ocurre en nuestra casa, sólo tendremos un remedio para la situación: conservarnos firmes, conseguirnos tapones para los oídos, si es necesario, y mantener al niño alejado de toda situación pública en que pueda probar sus recursos más vigorosos, en un esfuerzo por doblegarnos a su voluntad. Una vez que aprenda que no vamos a entrar en su juego, es más probable que lo abandone. Pero tendremos que estar preparados: él va a intentarlo todo, y al máximo, hasta que quede completamente convencido de que nuestras tácticas han cambiado.) Si las pataletas no se deben a que hemos enseñado a nuestro hijo que somos arcilla en sus manos cuando él cae en ellas, tal vez sean signo de que a él le falta capacidad para solucionar situaciones.

Los padres de Paul ignoran que las pataletas significan pérdida del control, y las consideran muestra de comportamiento "de mocosos". Por consiguiente, los berrinches de Paul acaban siempre en zurra. ¿Cuáles serán los resultados de semejante tratamiento?

Pongámonos por un momento en el lugar de Paul. En principio, se encuentra completamente frustrado por alguna situación que no puede manejar (de todos modos, los controles se encuentran poco desarrollados a los cuatro años). En el preciso momento en que se siente sobrecargado por las emociones que es incapaz de dominar, recibe una sonora bofetada. Así se le crea todo un conjunto de nuevos sentimientos que tiene que enfrentar: se siente *lastimado* por la bofetada, *frustrado* por no ser comprendido, *resentido* por la falta de colaboración de sus padres, *incapaz* de devolver el golpe directamente y *temeroso* de recibir más castigo. Resultado: más sentimientos negativos que nunca.

"Sin embargo", contraataca el padre, "cuando lo abofeteo, termina con la pataleta, ¡y en el acto!" Claro, el *síntoma* desaparece; pero, ¿por qué? Por miedo. En la superficie, la bofetada parece efectiva. Pero, ¿qué ocurre con todos los sentimientos que causaron la pataleta? ¿Y qué hace Paul con todos los sentimientos nuevos generados por la bofetada? Tal vez los reprima, pero eventualmente ellos volverán a la superficie, en cualquiera de las incontables formas mediante las cuales hacen conocer su presencia los sentimientos ocultos. En resumen, Paul ha recibido una lección, llamada "Es mejor reprimir que expresar".

Si, con todo, alguien alberga dudas acerca de lo acertado que pueda ser el oponer bofetadas a las pataletas, imagine ese alguien cómo se sentiría si, en el momento en que está absolutamente fuera de sí, lo abofeteara la persona más importante de su vida. Todos sabemos cómo nos sentiríamos en un caso así; y los niños tienen la misma reacción. (Algunos padres se permiten el privilegio de tener sus berrinches y castigar los de sus hijos, pero jamás se les ocurriría permitir a sus hijos las mismas licencias.)

Cuando vemos la verdadera pataleta como lo que es —comunicación de la frustración extrema—, nos resulta obvio que la agresión física de nuestra parte ha de ser el recurso menos útil. En momentos así, el niño necesita asistencia constructiva: atención activa y canalización de sus sentimientos hacia salidas seguras. Recordemos que cuando cerramos las compuertas de la descarga directa de la ira por válvulas de escape aceptables, insistimos literalmente en la represión, con todas sus desventajas.

Signos indirectos de la ira

Las bromas, los chismes y el sarcasmo constantes son salidas indirectas para la animosidad reprimida. En la mayoría de los hogares, estas actitudes son más seguras que la expresión directa, ya que dan al niño una coartada perfecta: "Oh, no quiero decir nada con esto."

Cuando el niño teme expresar directamente su ira, encuentra objetivos substitutos. Así, por ejemplo, la ira de Bernardo hacia su madre se descarga en forma de imprudencia en el trato con su maestra. La hostilidad de Gerardo por su hermano se desata contra los niños del vecindario. Graciela transforma la suya en crueldad con los animales. Y, para manejar la agresividad que siente hacia sus padres, Guillermo la lanza contra los valores de éstos. Ellos valoran la puntualidad; él se especializa en demoras. Ellos pregonan la cortesía; él cultiva la rudeza. Ellos esperan una carta semanal de él, que se encuentra en el colegio; él se lastima una mano, y no puede escribir. En fin, otros, para hallar alivio, se incorporan a grupos de "odio".

Muchos jovencitos vuelcan su agresividad contra ellos mismos, mediante el asma, los vómitos, los accidentes constantes y los temores exagerados. El niño demasiado "bueno" y el extremadamente tímido ocultan muchas veces una poderosa agresividad, que según lo aprendido por ellos es inaceptable. El tímido se aparta de todo contacto íntimo con los demás, para que su secreto no trascienda.

El niño al que se le enseña que la hostilidad acarrea la desaprobación se hace temeroso de sus propios impulsos agresivos. Los chicos menores de seis años creen que los deseos agresivos –el de que su hermanito recién nacido desaparezca, por ejemplo– pueden transformarse en hechos. Así, pues, suelen hacerse exageradamente dulces, para ocultar sus deseos a los demás y a sí mismos. La diferencia entre realidad y fantasía es vaga para los niños pequeños. Aun cuando no transformen en acciones sus deseos agresivos, se creen "malos". *Debemos enseñarles activamente la diferencia entre sentimientos hostiles y hechos hostiles*.

La depresión constituye otro signo indirecto de la ira. Es el resultado de la ira intensa y no expresada contra alguna persona o situación, la culpa que produce esa ira, y la represión. Este proceso ocurre en el inconsciente, y la persona afectada sólo advierte que se siente "triste". *La tristeza cubre a menudo la ira*.

Si nuestro hijo emplea vías indirectas para expresar la hostilidad, está sugiriendo que no se siente lo bastante seguro para revelarla directamente. Tenemos, pues, la responsabilidad de ayudarlo a encontrar salidas socialmente aceptables para la expresión directa.

El trabajo constructivo con la ira de nuestro hijo colabora a que este acepte *todas las partes de su ser* sin juicios negativos. Y esa es la base del autorrespeto.

16

COMO DESENMASCARAR LOS CELOS

El "resfrío común"

El tratar de eliminar los celos por completo es como tratar de evitar que el niño pesque jamás un resfrío común. Algo que no se puede hacer. Los celos forman parte indivisible de la vida.

Todos hemos sentido sus tormentos, y sabemos que los celos desembocan en sentimientos y conductas que causan angustia. Nuestra experiencia personal y la negativa de nuestra cultura a aceptar los sentimientos negativos en general nos llevan a enseñar a los niños que los celos son una equivocación. Sin embargo, ellos siguen alentando el sentimiento a pesar de nuestros mejores sermones, y aun cuando en el proceso se sientan culpables y menos valiosos. Raras son las personas que ven en los celos la máscara que realmente son.

Lo que dicen los celos

¿Qué tiene que tener otra persona para que sintamos celos de ella? ¿Más habilidad, más atractivo, más confianza en sí misma? ¿Más prestigio, status o dinero? En realidad lo que produce este sentimiento es inmaterial; el hecho es que

179

**los celos se producen cuando nos sentimos
en desventaja.**

Para quien se siente seguro en lo más alto de los terrenos de
la vida que le interesan, los celos no existen. Esta emoción
enmascara la convicción de que somos desafortunados. Es la
angustia, que grita: "Me siento amenazado, engañado, inseguro
o excluido." También puede significar "Temo compartirte por
miedo de que no regreses conmigo", y hasta "No me agrado a
mí mismo"

Intenso y generalizado o suave y parcial, el sentimiento de
los celos significa que uno se siente por debajo de lo que le
resulta cómodo. *El que la desventaja sea real o imaginaria no
importa.* Los celos son siempre reales para la persona que los
siente.

Por qué sienten celos los niños

La naturaleza misma de la vida familiar presenta desventajas
intrínsecas para los hermanos. Todo niño anhela el amor y la
atención exclusivos de sus padres; quiere ser amado al máximo.
Este anhelo hace inevitables los celos en familia.

Basta imaginar la vida en una sociedad que permita la poliga-
mia para apreciar la situación en que se encuentran los niños.
En esas sociedades, las rivalidades entre esposas presentan un
verdadero problema. Para alcanzar la posición de favorita, las
mujeres recurren a toda clase de maniobras. Imaginemos ser una
mujer que viva en esa cultura. ¿Acaso no nos gustaría ocupar la
posición número uno, o por lo menos tener de vez en cuando
pruebas de que todavía ocupamos un lugar elevado en el afecto
de nuestro esposo? ¿No buscaríamos la oportunidad de agui-
jonear a nuestras rivales y crearles problemas? Lo más probable
es que anheláramos deshacernos de ellas, que serían como es-
pinas en nuestras vidas.

Los niños se encuentran precisamente en esa posición. Robertito ve cómo su madre emplea largas horas en cubrir las
necesidades de su hermano recién nacido, y los celos comienzan
a morderlo. La enrulada Juanita ve como su madre arregla todas
las noches el pelo lacio de su hermana, y le gustaría tener una
excusa para recibir la misma atención. Sara nota cómo su

hermana realiza sus tareas escolares en un santiamén, mientras que para ella, cada renglón es una batalla.

Todo niño vive en cierta medida a la sombra de otro niño de la familia, y se siente en desventaja respecto del otro en algún tópico. Ni el hijo único está libre de ese sentimiento. Este se siente celoso de otros chicos, y acaso desearía tener hermanos y hermanas. Tal vez envidie la atención que sus padres se dispensan el uno al otro.

Los celos son cosa tan normal, que el hecho de que los hermanos sean siempre comprensivos y considerados entre sí puede querer decir que no sienten la seguridad necesaria para expresar sus verdaderos sentimientos. En el extremo opuesto, cuando los celos componen el tema principal de la vida de un niño, este se encuentra en dificultades. Cualquiera de las dos situaciones —la falta completa de celos y la presencia constante de los mismos— significa que el niño necesita ayuda.

La meta ha de consistir no en eliminar por completo su presencia, sino en reducir el número de las situaciones que los causan, y en trabajar *con* el sentimiento cuando este se presente.

Ventajas de la rivalidad

Tal vez parezca que las rivalidades entre niños no produjeran beneficios. Sin embargo, los hermanos ayudan al niño a enfrentar una de las realidades de la vida: uno no puede recibir atención exclusiva, ni gozar de todas las ventajas. Es esta una lección difícil, especialmente para el niño pequeño, que tiene que aprender que el amor no es como los pasteles: el amor compartido no tiene por qué significar *menos* amor.

Los hermanos ayudan al niño a dar y tomar dentro del círculo familiar. Le brindan experiencias invalorables en cuanto a compartir y comprometerse, lecciones cuya mayor parte debe el hijo único aprender fuera del hogar. Y cuando las rivalidades se manejan constructivamente, el chico aprende que las fuerzas de los demás nada quitan a su propio valor como persona.

Las rivalidades familiares normales amenguan la egocentricidad infantil, y desarrollan fuerzas y recursos internos. Por incómodas que sean, brindan experiencia en el trato con los demás.

181

Como en el caso de la ira, es prudente reducir la cantidad de ocasiones en que el niño se siente en desventaja. En término primero y principal, cuando se ayuda al chico a elevar su autoestima, se aminora su convicción de ser desafortunado. La confianza en sí mismo es un baluarte contra el sentimiento de estar por debajo de todos los demás. El niño convencido de su propio valor se siente menos amenazado por las ventajas de los demás. Y puede tolerar el tener que compartir el afecto de sus padres, porque sabe que posee un sólido lugar en los corazones de estos.

El jovencito que se supone inepto y poco valioso se siente dominado por los celos la mayor parte del tiempo. Sin fe en sí mismo, se siente defraudado a cada instante. Tiene que arrebatar lo que pueda, y buscar oportunidades para disminuir a los demás. No puede darse el lujo de compartir el tiempo y la atención de sus mayores.

Todo niño se lleva mejor con los demás —incluso sus hermanos— cuando gusta de sí mismo y está en paz consigo mismo.

Los niños que se autorrespetan son celosos menos a menudo.

Podrán experimentar brotes de celos, pero sus experiencias positivas y la fe en sí mismos hacen que esos brotes duren poco.

Trabajemos con cada niño, para desarrollar sus intereses y talentos especiales. Tratemos a cada uno como individuo aparte. El responsabilizar a uno por la mala conducta de otro suscita sentimientos intensos. El adolescente Simón comenta: "Cuando mi hermano abolló el guardabarros del auto, papá nos quitó las llaves a los dos. Yo no estaba siquiera con Tito cuando él chocó. Papá cree que si Tito rompe el coche, yo también lo haré. Siempre ocurre lo mismo: nos trata como si no fuéramos personas distintas."

Los encuentros seguros son antídotos para los celos. Bernardo se siente desdichado porque no lo eligieron capitán del equipo de fútbol, pero su disgusto se alivia cuando su padre programa reuniones especiales, a solas con él. Enrique se siente desgraciado por ser menos alto y fuerte que su hermano, pero siente que sus padres lo aprecian sin tener en cuenta su estatura y su vigor.

Rara vez siente uno realmente lo mismo hacia todos sus hijos y en todo momento, y tampoco trata siempre a todos de la misma manera. Pero cuando uno de nuestros chicos resulta repetidas veces el favorito, todo está preparado para que surjan profundos resentimientos en los demás.

Si uno prefiere constantemente a uno de sus hijos, debe mirar en su interior para descubrir la causa del favoritismo. ¿Presenta el menos favorecido rasgos que nos disgustan? (Recordemos que, muchas veces, el rasgo que nos disgusta en un niño es el mismo que rechazamos en nosotros mismos.) El reconocer y elaborar esa cualidad nuestra nos permitirá aceptar mejor al niño afectado.

Como vimos en los primeros capítulos, los padres solemos tomar al niño como salida para nuestras necesidades insatisfechas, e impulsarlo en forma indebida. Semejante trato produce en el que lo recibe celos intensos hacia sus hermanos, a quienes no se presiona como a él.

Cuando existen celos, examinemos la situación de nuestra familia, y veamos si efectivamente no damos a uno de los chicos ventajas sobre los demás. Es tentador, por ejemplo, el transformar a la hija mayor en madre asistente. Pero si no le ofrecemos compensaciones por ello, es probable que desarrolle intenso resentimiento contra sus hermanos menores, debido a la posición despreocupada de estos en el seno de la familia. Se hizo a Ana responsable de la conducta de sus hermanos menores. Cuando estos fastidiaban ella sufría. Se sentía decididamente en desventaja.

El trato desigual fundado en la edad ("Cuando tengas diez años podrás quedarte levantada hasta tarde, como Guillermo.") es más fácil de aceptar que el que se funda en el sexo ("Las niñas no deben hablar a los gritos; eso no es propio de damas".) Cuando el trato no es parejo debido a la edad, el chico tiene por lo menos una oportunidad para el futuro. Pero cuando la diferencia se debe al sexo, la criatura se siente atrapada, y puede llegar a resentir y rechazar su propio sexo.

La comparación es el camino más seguro hacia los celos. Puesto que los celos provienen de sentirse "menos que" otro, *las comparaciones no hacen más que avivar las llamas*.

No veo por qué no estudias como tu hermana. *Nunca* tengo que recordárselo a ella.

Carlos no derrocha su dinero, como tú. Tiene motocicleta, porque ahorró de su asignación. ¡A tí, en cambio, no te queda qué mostrar de tu dinero!

Las observaciones como estas —moneda corriente en miles de hogares— son veneno puro. Un veneno que garantiza los celos, el resentimiento y la ineptitud. Machacan al niño con que él es menos que otro. Para comprenderlo, imaginemos cómo nos sentiríamos si nuestro jefe nos espetase: "¿Por qué no entrega sus informes a tiempo, como Fernández? ¡El jamás excede el plazo!" Aunque la observación sirva para que uno se enmiende, no nos gustará que nos pongan a otros por ejemplo. Si nos sueltan una observación como aquella, lo más probable es que nos deleite ver fallar a Fernández, y hasta que busquemos la ocasión de jugarle alguna mala pasada ante el jefe.

Aunque jamás empleemos palabras de comparación con nuestros niños, nuestro *pensamiento* en tales términos se comunica en forma no verbal y puesto que, en nuestra cultura, la comparación es desenfrenada, es necesario recordar constantemente que cada niño es único, y que compararlo con otros *está fuera de lugar.*

Las comparaciones sólo corroen la autoestima, y fomentan los sentimientos de ineptitud.

La mayoría de los niños hace sus propias comparaciones sin necesidad de las nuestras; en realidad, el enseñar a los chicos a *no* compararse con los demás es tarea más que ardua.

Para aminorar las rivalidades, debemos hacer saber directamente al niño lo que sentimos acerca de sus acciones (con "reacciones del yo"). Nada de presentarle brillantes ejemplos de la conducta modelo de otras personas.

Los celos innecesarios se previenen cuando construimos la autoestima del niño, evitamos someterlo a trato desparejo, nos rehusamos a utilizarlo para cubrir nuestras necesidades insatisfechas y evitamos compararlo con los demás.

La atmósfera familiar influye sobre los celos

El clima que existe en el hogar afectará la cantidad de rivalidades que haya en él.

Los miembros de la familia de Jorge se agradaban básicamente los unos a los otros. Los padres se respetaban y ayudaban entre sí. Y una atmósfera tranquila, en la que la gente importaba más que las cosas, daba poco lugar a las fricciones familiares. Como grupo, la familia compartía muchas actividades; no obstante, todos se sentían libres para empeñarse en actividades separadas y se complacían en llevar extraños a su casa. Las normas de la familia se elaboraban en forma cooperativa, de manera de respetar las necesidades de cada uno. Naturalmente, Jorge tenía una actitud de dar y tomar por igual, se sentía valorado, y rara vez sentía celos de sus hermanas y hermanos.

Paulina, en cambio, provenía de un hogar regimentado en extremo, en el que sólo se daba preferencia a las necesidades del padre. La niña había observado que, por mucho empeño que pusiera su madre en las cosas, su padre nunca estaba conforme. El clima era de sospecha y de acuciante ambición de perfección, posesiones materiales y status; se alentaba activamente la competencia entre los niños. La familia vivía en la comparación constante, con poco calor y poco humor. Los chicos tenían que atropellarse y luchar por las escasas migajas de afecto que les arrojaban de vez en cuando. El ambiente general de la familia era tal, que nadia agradaba a ninguno de los otros.

Nada tiene de extraño el que Paulina considerase que el ser niña era una desventaja, ni el que los celos alcanzaran altos niveles en su casa. Paulina se sentía profundamente inepta, y vivía con la sospecha de que todos habían sido mejor dotados que ella. Siempre estaba dispuesta a discutir y pelear por la menor trivialidad.

La forma en que cada uno de nosotros vive con su cónyuge, la forma en que se dividan las responsabilidades del hogar y la forma en que se satisfagan las necesidades de todos guardan relación directa con el ánimo de la familia, y con los celos que se desatan en ella. Todo clima familiar de tranquilidad, aceptación y cooperación reduce el número de veces en que un niño se siente en desventaja.

Tiempos de estallido

Los celos prevalecen durante ciertos períodos de la vida de

todo niño. Si no perdemos de vista este concepto, estaremos siempre preparados para ayudar.

Casi todos sabemos que el nacimiento de un bebé desata los celos de sus hermanitos. Por mucho que hayan anhelado la llegada del nuevo ser, son proclives a sentirse desplazados, especialmente cuando la novedad deja de serlo, y el niño se transforma en un inconveniente personal.

Se puede prever un incremento en los celos cada vez que el niño deba enfrentar una nueva tarea por obra de su desarrollo, ya que la situación lo hará sentirse menos seguro de sí mismo. La inseguridad interna lo sensibiliza a las ventajas de que él supone disfrutan los otros, sean cuales fueren los hechos reales.

Existen otros acontecimientos capaces de causar inseguridad y aumentar la probabilidad de los celos. El ingreso a la escuela, la adaptación a una maestra nueva, el tener que dejar a los amigos para mudarse, la llegada a un nuevo vecindario, el tener que atender a materias escolares más rígidas, la adaptación a la separación, la muerte o el divorcio en la familia: toda presión nueva puede provocar explosiones en los niños.

Los celos son más agudos cuando se producen entre niños del mismo sexo y de edades parejas. Tomás y Ricardo, que tienen respectivamente cuatro y cinco años, necesitan por igual el contacto estrecho de su madre. Sus batallas son mucho más intensas que las que ocurrirían si uno de ellos tuviese cuatro años y el otro quince.

Cada vez que el chico se vea sometido a presiones internas o externas capaces de amenazar su sentido de la propia aptitud, démosle apoyo empático.

Manejo constructivo de los celos

Aunque reduzcamos el número de las situaciones que fomentan los celos, estas seguirán presentándose en diversas oportunidades. Nuestra función no consistirá en determinar si nuestro hijo debiera o no alentar ese sentimiento, sino en trabajar con los celos como cosa real para el chico.

Los celos cuentan con aislaciones especiales contra el razonamiento y la lógica. Como ya lo expusimos en el Capítulo Décimocuarto, la manera más constructiva de reducir los sentimientos negativos de cualquier índole consiste en alentar su expresión —mediante palabras, dibujos, pintura, música, arcilla, representación dramática, etcétera— desde el punto de vista del niño. El niño que siente celos se desvive por que lo *comprendan empáticamente.*

Los celos que nos parecen ilógicos nos resultan particularmente difíciles de aceptar. No obstante, casi todos sabemos por experiencia propia que *los sentimientos no siempre son lógicos.* La creencia por parte del niño de que se lo excluye o se lo engaña puede no coincidir con los hechos, pero eso está fuera de la cuestión. Lo que importa es que *él* se siente desdichado en ese mismo momento. Y nos toca trabajar con lo que él siente en el momento; de lo contrario, podría llegar a la conclusión: "Mis padres no me comprenden".

Veamos un planteo típico de celos, de la clase de los que, de tanto en tanto, estallan en el seno de la mayoría de las familias:

—¡Ustedes hacen más por Alfredo que por mí! — gime Eugenio.

—¡Oh Eugenio, qué ridiculez! —responde su padre. —¿No uso las tardes de todos los sábados en llevarte a que juegues tu campeonato de rugby? ¿No te compramos una bicicleta para Navidad? ¿Y no vas todos los veranos al campamento de *scouts*? Cada excursión de esas nos cuesta tanto y tanto, y todavía nunca hemos gastado esas cantidades de dinero en ninguna diversión de Alfredo. ¡La verdad es que tú tienes muchos más privilegios que él, de modo que ya puedes acabar con esa música!

El padre de Eugenio acaba de bombardear a su hijo con pruebas de que no existen *razones lógicas para sentir lo que siente.* ¿Cómo podría este padre aceptar un sentimiento irracional que no se ajuste a la realidad? El hecho es que los sentimientos pueden ser irracionales, pero cuando uno los acepta como legítimos por el mero hecho de que existan, el niño define los tópicos reales, y se hace más realista en sus reacciones. Si tratamos de discutir la existencia de los celos, sólo lograremos convencer aun más al niño de su infortunio.

¿De qué manera podría el padre de Eugenio encarar más constructivamente los sentimientos de su hijo?

—¡Ustedes hacen más por Alfredo que por mí! — gime Eugenio.

—Parece que te sientes mal tratado— responde el padre que trata de introducirse en el mundo de su hijo.

—Sí, todas las noches lo sientan en sus rodillas y le leen esos estúpidos cuentos para bebitos—, dice Eugenio, ahora con una sonrisa afectada. (Puesto que su primer sentimiento se aceptó, Eugenio deja que su padre llegue a lo que realmente lo hiere.)

—No quieres que reciba ese trato de mí —refleja el padre.

—Bueno ¿y por qué voy a querer? : ¡Sólo porque es chico, recibe toda clase de atenciones especiales, como si fuera el privilegiado de la casa o algo así!

(¡Qué tentación, en este momento, la de recordar a Eugenio que él tuvo lo mismo cuando era pequeño! Sin embargo, un mensaje semejante cortaría toda comunicación ulterior. El hacerle recordar algo que recibió cinco años atrás no afectará sus sentimientos *actuales*. Veamos cómo la insistencia en la empatía hace aflorar el verdadero problema.)

—Es difícil compartirme con Alfredo— dice el padre.

—Claro que lo es, papá —dice Eugenio tiernamente. —Es cierto que te pasas todas los sábados por la tarde conmigo en el club, pero eso es sólo una vez por semana. Alfredo te tiene *todas* las noches.

—Te gustaría que yo te dedicase tiempo un poco más a menudo, ¿eh?

—Sí. Quizá si el sábado a la tarde yo fuese al club con Roberto y su padre, tú podrías disponer todas las noches, después de que Alfredo se acuesta, de veinte minutos para jugar a las damas conmigo. No quiero que me leas como a un bebito, pero me gustaría mucho jugar una o dos partidas de damas.

La empatía permitió al padre de Eugenio llegar a la fuente del problema, y al niño deshacerse de la idea irracional de que su padre hacía más por su hermano que por él. Eugenio pudo considerar las limitaciones de tiempo de su padre, y juntos pudieron elaborar una solución que satisfará su deseo de tener a su padre para él solo más a menudo.

En el siguiente ejemplo, una madre ayuda a su hija a expresar sus celos, tanto mediante palabras como por medio de acciones.

—Odio a Juanita —sollozó Martha una noche—, ¡o se va ella, o me voy yo!

—No puedes conseguir nada de tu hermana—, respondió empáticamente la madre.

—No, no puedo. ¡Es tan dura! ¡No consigo pegarle con fuerza bastante para hacerla llorar! (Martha se aparta del código de la ira, levanta la máscara de los celos y revela sentimientos de frustración e ineptitud.)

—Te gustaría ser la fuerte de la familia, para por lo menos poder empatar de vez en cuando.

—Seguro. Pero no hay forma. Siempre será más fuerte que yo.

—Parece que nunca podrás igualar los tantos.

—Eso es, mamá—, dijo Martha más tranquila— no hay manera de reconciliarnos, así que quiero que se vaya.

—Parece la única salida: deshacerse de ella— reflejó su madre.

—Sí, sólo que yo sé que no vas a hacer eso. (Aquí, Martha reconoce que su deseo no es realista. Tal deseo es normal para cualquiera que sienta que siempre será el más débil, pero sin necesidad de que su madre le haga ver la lógica del asunto, ella conoce los hechos. La comprensión empática que recibe de su madre aumenta la probabilidad de que pueda enfrentar y enfrente la realidad.)

—No—, respondió la madre. —No puedo deshacerme de ella, pero tú puedes imaginarte que esta muñeca es Juanita, y hacer con ella lo que quieras. (La madre establece los límites de la conducta, pero ofrece a Martha una salida aceptable para los sentimientos intensos que necesitan expresión.)

En seguida, Martha comenzó a estrellar la muñeca contra el piso, a saltar sobre ella, a gritarle " ¡Estúpida, grandota, fortachona! ¡Ahora no eres tan fuerte; ahora ves quién es la fuerte aquí! ¡Tú eres la pequeña y la débil, y yo voy a hacerte papilla! ¡Estúpida, insignificante, floja! " Iracunda, Martha zamarreaba la muñeca, mientras le gritaba, una y otra vez: " ¡*Tú* eres la chiquita! ¡Toma esta y esta y esta! "

Mientras su madre continuaba con ella, expresando su sentimiento con palabras, Martha ventilaba su furia. Por último, levantó la vista y concluyó: "Estoy cansada. Me voy a dormir."

Puesto que no estaba segura de que el sentimiento de hallarse en inferioridad de condiciones de Martha se hubiese desahogado por completo, la madre se mantuvo preparada para arrostrar nuevas sesiones de ventilación. Sin embargo, Martha se levantó en el mejor de los humores, y hasta se ofreció para poner manteca en las tostadas de su hermana. La tormenta había pasado; se habían elaborado los sentimientos de manera tal que permitía la expresión del afecto, que también sentía la niña hacia su hermana. Podrán presentarse —y es probable que lo hagan— otros momentos en que Martha se rebele contra la fuerza de su hermana mayor, pero su madre podrá ayudarla a elaborar tales sentimientos a medida que ellos se presenten.

Al dispensar atención empática y salidas seguras, la madre de Martha trabaja constructivamente con los sentimientos de su hija. No le ofrece soluciones, ni razones, ni condolencias, ni juicios. Se remite a estar con su hija, y a tratar de comprender cómo experimenta ella su propio mundo. En cuanto a Martha, no la han hecho sentirse "mala" debido a sus celos y su ira. Sus sentimientos negativos se disiparon cuando tuvieron expresión y aceptación como cosa real para ella.

Muchos niños son menos dotados por la naturaleza que sus hermanos y hermanas. Es natural que alienten ciertos sentimientos respecto de tales desventajas. La comprensión empática bien puede ayudarlos a aceptar lo inevitable.

En muchas ocasiones, uno de los niños de la familia recibe privilegios especiales en virtud de su edad o de otras circunstancias especiales. Cuando ello ocurra, podemos aliviar los celos si otorgamos a los otros niños de la familia privilegios compensatorios; cuando ello no sea posible, ayudémoslos a sobrellevar sus desventajas mediante la comprensión de lo que sienten.

La empatía equivale a decir: "No eres menos digno de amor ni menos valioso debido a tus sentimientos." Nuestra renuencia a aceptar los celos de los niños hace que estos se sientan culpables, menos queribles y poco valiosos. La falta de aceptación de los sentimientos siempre conspira contra la autoestima.

Los signos de los celos

A menudo, el niño no revela directamente los sentimientos que se esconden tras sus celos. No dice "Temo compartirte", ni "Me siento excluido". De hecho, puede no tener siquiera conciencia plena de la índole del problema.

Lo más común es que hable en código. Nos sacude con un resonante "juicio del tú" (¡tal vez porque amolda su manera de hablar a la nuestra!), cuando dice "Tú no me quieres", o "Siempre haces lo que quiere Carlota"

Entonces, y debido a que no advertimos que hay un código de por medio, respondemos al mensaje *literal* de sus palabras. "Pero, querido, cómo no voy a quererte", o "Eso no es cierto. Trabajo horas extra para ser justo tanto con Carlota como contigo", son nuestras respuestas. Pero como no hemos prestado atención al sentimiento subyacente, los hechos que podamos esgrimir no impresionan al niño; no tocan su convicción de que lo discriminamos.

Con frecuencia, la única clave de que disponemos para sospechar que el niño se siente desafortunado consiste en el hecho de que se muestre enfadado sin razón y parezca ansioso por pelear, o bien que empiece a hablar mal de otro jovencito. Los seres humanos operamos de acuerdo con el principio de los sistemas de poleas. Cuando nos sentimos por debajo, tratamos de hacer que desciendan los que nos rodean, en especial los que están tan alto como para hacernos sentir incómodos. Es como si supusiéramos que al disminuir al otro, nos elevaremos nosotros.

Otro de los síntomas de los celos puede ser el súbito incremento de la dependencia. Clara, de seis años, demostró sus verdaderos sentimientos hacia su hermanito recién nacido mediante el expediente de volver a mojar las sábanas, chuparse el pulgar y colgarse de las faldas de su madre.

Una señal sutil de celos es el aumento en la demanda de cosas. Cuando el niño comienza repentinamente a exigir más y más elementos materiales, tal vez lo que necesita no sean más juguetes, sino más de nuestro tiempo, tiempo de atención concentrada.

Muchos de los niños que se sienten defraudados empiezan de pronto a comportarse indebidamente. Pedro pone el volumen de la televisión en el nivel que rompe los tímpanos cada vez que su padre ayuda a su hermano menor en las tareas escolares. Es esa una manera infantil de decir que él también quiere que lo atiendan.

—Cuando hice intervenir a Pedro en las tareas escolares de su hermano— relata su padre, —cuando le di la ocasión de enseñar a su hermano a resolver los problemas a su alcance, se acabaron las payasadas. Pedro comenzó a demostrar verdadero orgullo por los adelantos de su hermano, y toda su actitud cambió. (Por supuesto: sintió que tenía una importante contribución que hacer, que *él* importaba. Y entonces, no quedaba razón para los celos.)

Cuando los niños se sienten desdichados, tratan de decírnoslo en forma directa o indirecta. Rara vez resulta útil responder a su código directamente. Nuestra gran tarea consiste en ser empáticos. Todo niño debe sentirse comprendido, incluido e importante. Cuando está *seguro* de todo ello, no necesita emplear artilugios para eliminar sus desventajas: se siente feliz y confiado de que *no* lo defraudan.

IV

EL CRECIMIENTO MENTAL
Y LA AUTOESTIMA

17

MOTIVACION INTELIGENCIA Y CREATIVIDAD.

El empuje desde dentro

Extranjero en nuestro planeta, todo niño nace curioso. Así, interactúa con todo lo que descubre a su alrededor sin que lo molesten ideas establecidas; manipula, experimenta y explora. El niño cuya curiosidad se acepta como cosa válida tiene vía libre para aprender.

Hacia los tres o cuatro años de edad, el niño promedio es, virtualmente, un paquete de preguntas andante: "¿Por qué es verde el césped?". "¿Qué cosa sostiene a las nubes?", "¿De dónde sale el calor del fuego?", "¿Ven los muertos?", "¿Quién le sacó ese pedazo a la luna?", "Dios, ¿es casado?", "¿Por qué?". A los cinco, la mayoría ha conformado ya ciertas actitudes en torno del aprendizaje, actitudes moldeadas en las reacciones de los padres en torno de sus primeras exploraciones.

Los niños aprenden si es seguro aprender.

Por desgracia, algunos aprenden desde muy temprano a *no* aprender. ¿Cómo ocurre semejante cosa?

Tomás vuelca su carrito, y hace girar las ruedas con las manos. Entonces oye: "No, Tomasito. Los carros andan así." Lo fascinan los hermosos y brillantes paquetes de la tienda de comestibles: " ¡Basta, Tomasito, quita las manos de allí! " Está por tomar una extraña criatura que encuentra en el jardín: " ¡Está sucio, Tomasito! Es un caracol lleno de baba; no lo toques." Una y otra vez, se disuade a Tomasito de investigar y de probar nuevos enfoques de las cosas que descubre. La curiosidad lo pone en apuros; aprende que explorar es riesgoso.

Lo cierto es que, en salvaguardia de la seguridad, las exploraciones de Tomasito deben restringirse a veces; pero el hecho es que se las limita a menudo mucho más de lo *necesario*. Su inquietud por descubrir carece de apoyo, y él reprime su curiosidad para evitarse la desaprobación.

¿Existe algún peligro en que Tomasito experimente con el carro ruedas arriba? Es cierto que no debe corretear por la tienda de comestibles pero, ¿tampoco pueden sus padres alcanzarle algunos objetos para que él los sienta, los toque y los huela? ¿No pueden permitirle que toque el caracol, y que descubra personalmente cómo es eso de tener que lavarse las manos cada vez que lo haga?

Las muchas preguntas que hace Tomasito encuentran, demasiado a menudo, una respuesta fastidiada: "Vete afuera a jugar; no me molestes." De hecho, se lo alienta a no inquirir. La aprobación le llega cada vez que se comporta en forma pasiva, conformista y silenciosa. Aprende a dejar de lado su yo inquisidor.

Por la mañana, a Tomasito le dicen: "Déjame atarte los zapatos; yo lo hago más rápido." (¿Tenemos que apurarnos *todas* las mañanas?) Si son demasiadas las cosas que otros hacen *por* él, Tomasito puede llegar a perder su impulso de buscar la confianza en sí mismo. Siempre que se vea obligado a elegir entre la confianza en sí mismo y la aprobación, preferirá renunciar al ingenio: el amor tiene prioridad para la gente menuda.

Cuando los niños se inician en la escuela, tienen cinco o seis años de aprendizaje por detrás, un aprendizaje que ha tenido importante gravitación sobre la totalidad de su actitud hacia el aprendizaje. Cuando la curiosidad es tabú, el entusiasmo por aprender muere.

La inquisición y la experimentación de lo desconocido forman la base del progreso en todos los terrenos. Cuando extirpamos estas cualidades, que en cierta medida se encuentran presentes en todo recién nacido normal, detenemos literalmente los avances de la especie humana. Todo padre y todo maestro es responsable de mantener encendidas en el niño las luces de la

196

curiosidad. Todo niño debe saber que *vale la pena preguntar.* Y no debe sentirse inferior por su afán de saber.

Lo que estimula el aprendizaje

Los niños no sólo necesitan una atmósfera que estimule la curiosidad y la exploración; también necesitan amplias exposiciones a una gran variedad de experiencias. Son cada vez más las pruebas que demuestran que la estimulación rica durante los primeros años de la vida favorece el desarrollo intelectual. El niño necesita el máximo posible de experiencia directa. Sólo en esas condiciones puede llegar a conocer personalmente lo que lo rodea.

A las mujeres, nos gusta por ejemplo leer u oir hablar acerca de una nueva tela que acaba de aparecer en el mercado, pero nada puede substituir al hecho de ver esa tela realmente, tocarla y trabajar con ella. La experiencia directa nos dice mucho más que lo que podamos aprender de segunda mano. Cuantas más experiencias de *primera mano* tenga el niño, más conocedor será de su mundo, cosa que beneficia su seguridad y su confianza.

El adelanto escolar se encuentra relacionado con la experiencia directa. Cuando Roberto, nacido y criado en la ciudad, vio la palabra "vaca" en su primer libro de lectura, carecía de asociaciones previas para los símbolos negros que veía en la página. Se le dijo que la vaca era un animal con ciertas características, y le mostraron la ilustración correspondiente. Su cerebro recibió la impresión de la vaca por intermedio de la experiencia de otras personas y mediante la observación de una abstracción impresa.

En cambio cuando Nelson, criado en una granja, vio las letras de la palabra vaca, pudo aportar a los símbolos una variedad de asociaciones previas. El había tocado, olido y oído a las vacas. Sabía cómo rumiaban el pasto, y cómo agitaban sus colas; las había visto cuando las ordeñaban, y cuando ellas amamantaban a sus terneros. Su cerebro había recibido impresiones acerca de las vacas *directamente* de sus propios ojos, orejas, nariz y dedos. Se habían establecido en él muchas conexiones neurales, que daban significado personal al símbolo impreso.

Los entornos pobres en estímulos durante la primera infancia tienen como resultado ulterior diversos grados de retardo mental. La estimulación temprana brinda amplias redes de aso-

197

ciaciones para aportar a los símbolos abstractos de los que tanto depende la escuela.

Junto con el contacto amplio y directo, el niño necesita practicar la transmisión de sus experiencias mediante palabras. Puede ocurrir que un jovencito que haya recibido mucha estimulación no sea capaz de verbalizar sus reacciones. Por cierto que las escuelas asignan gran importancia a la palabra hablada y escrita. La práctica abundante en el hogar desarrolla, pues, una habilidad muy valorada en la escuela.

Los ambientes de lenguaje pobre traban el progreso escolar teórico.

Alentamos al niño a que hable mediante nuestro ejemplo y nuestro respeto por sus ideas y sentimientos. La comunicación realmente abierta sólo florece en un clima de seguridad.

Además, los niños necesitan la práctica temprana de la solución de situaciones problemáticas. Los experimentos con animales demuestran que los que se vieron sujetos a experiencias exitosas de solución de problemas durante sus primeros años son, más adelante, más aptos para la solución de problemas que los que no enfrentaron tales experiencias tempranas.

¿Qué significa todo esto, en términos de uno y sus hijos? Significa que alentamos el crecimiento intelectual cuando brindamos al niño experiencias ricas y directas durante las primeras etapas de su vida, y cuando lo alentamos para que *hable* acerca de lo que vio, hizo y sintió. Ayudémosle a hallar respuesta a las preguntas que él mismo plantea. Dejémosle estrellarse contra los problemas, mantengámonos listos para ofrecerle el apoyo que necesite, y alentémoslo a hallar sus propias soluciones.

La madre de Bernardo preparaba una ensalada para el almuerzo; su hijo de tres años observaba.

—¿Eso qu'ez? — preguntó el chico.

—Una palta—, respondió su madre, lentamente. —¿Puedes decir pal-ta?

Bernardito hizo la prueba:

—Pal-ca.

—Fíjate bien, querido: pal-*ta*. —Y juntos repitieron la palabra hasta que Bernardito la captó.

—¿Pá que zirve? —quiso saber después.

(Su madre pudo haber pensado: "Tontito, ¿qué voy a poner en la ensalada, como no sea para comer?" Sin embargo, la

198

pregunta no era ociosa. El había visto cucharitas de madera que no se comen, en los helados, y también platos en los que el perejil se usa sólo como decoración.) La madre apoyó la curiosidad del niño:

—Es para comer. Esta parte no, y esta tampoco —agregó, mientras mostraba primero la cáscara y luego la semilla. —¿Por qué te parece que no comeremos la cáscara y la semilla?

Bernardito tomó un trozo de la cáscara y lo mordió; después tocó la semilla.

—Muy dudo —contestó.

—Eso es. Ahora, prueba esta parte— siguió la madre, y le ofreció un trocito de pulpa de la palta.

— ¡Ooh, feo! —comentó el niño, desdeñosamente.

—¿Qué gusto le encuentras? ¿Quieres olerla? Apriétala con los dedos.

—Me guzta apdetala. El guzto no. No tiene olod a nada.

—No, no tiene olor, como el ananá, o el limón. Al principio, a mí tampoco me agradaba el gusto, pero ahora sí. Cuando nos gustan las paltas, a veces las preparamos en ensalada. La próxima vez que vayamos a lo de tía María, voy a mostrarte el árbol de la palta. Las paltas crecen de los árboles, como las naranjas que tenemos en el patio. Mira, vamos a poner esta semilla en la boca de un frasco con un poco de agua, y ya vas a ver qué pasa dentro de un tiempo.

La madre de Bernardito apoyaba directamente la actitud de él hacia el aprendizaje. Su reacción era la de aceptar la curiosidad del niño; así, lo ayudó a experimentar en forma directa un objeto extraño, mediante todos los sentidos. Lo alentó a hablar de aquel objeto, y respetó sus reacciones personales. De ese modo, ambos compartieron una experiencia de aprendizaje.

Un día Gregorio rezongaba la frustración de sus cinco años, porque su carrito había quedado atascado entre unas piedras. Tiraba hacia adelante, pero no lograba liberarlo. Su madre podría haber solucionado inmediatamente la situación, pero así hubiera perdido una excelente oportunidad de hacer que su hijo probase su capacidad para solucionar problemas. De todos modos, no lo abandonó. En cambio, le dijo:

—Parece que tu carro quedó atrapado por las piedras, y que no lo puedes sacar de allí tirando hacia adelante. ¿Qué otra cosa podrías hacer para sacarlo?

El chico se detuvo a estudiar la situación. Se agachó sobre piernas y brazos, y después corrió en busca de su pala. Ensayó, excavó e hizo palanca, hasta quitar las piedras de los lados de la rueda. Su carrito quedó libre.

"Fue interesante", comentaba después su madre. "Yo hubiera levantado el carrito, o lo hubiera empujado hacia atrás; pero a él se le ocurrió excavar entre las piedras. Pensé que mi solución era más simple, pero también sentí que era importante que lo dejara usar su propia imaginación para solucionar el problema."

Tanto la primera como la segunda madre alentaron el aprendizaje de sus hijos. Si siguen por ese camino, su apoyo se reflejará en el desarrollo intelectual posterior de sus muchachos.

Dentro de los límites de la seguridad, los niños necesitan interactuar sin interferencias con las cosas que los rodean.

Los principios que han de guiarnos son: respetar la curiosidad y la tendencia a explorar de los niños; buscar salidas aceptables para el impulso de saber. La autoestima del niño se eleva cuando nuestro comportamiento le dice: "Tu curiosidad es importante. Te ayudaré a experimentar y comprender."

¿Qué es la inteligencia?

"¡Qué inteligente es Guillermito!" Estas palabras son música para los oídos de los padres orgullosos de su hijo. Por lo general, cuando decimos tal cosa, queremos decir que el chico es rápido para aprender. Y lo habitual es que pensemos en términos de la capacidad para el aprendizaje abstracto que se necesita en la escuela. Existen, sin embargo, muchas clases de inteligencia.

Guillermito puede ser brillante en el manejo de los símbolos matemáticos, y tener apenas la capacidad promedio en lectura, Acaso Martha posea escasa capacidad para aprender de los libros, pero su sensibilidad respecto de los demás la hace adepta de lo social. Eduardo no anda muy bien en la escuela, pero tiene grandes dotes para la música. Hasta el CI (cociente de inteligencia) tiene diferentes significados para distintos niños.

Elisa, Juana, Enrique y Miguel han alcanzado todos el mismo puntaje de 126 en las pruebas del CI, pero sus capacidades son distintas. La aguda memoria de Elisa influye sobre el puntaje:

ella se destaca precisamente en las materias en que la buena memoria es ventajosa. Pero su capacidad de razonamiento no excede el promedio, y tiene que esforzarse en las materias que lo requieren. De una manera diferente que esta, el puntaje de Juana se beneficia por su notable talento para razonar y comprender, aunque, a su vez, su rendimiento sea escaso en las tareas que exigen memorizar. Por su parte, Enrique es un chico excepcionalmente dotado, cuya potencialidad excede ampliamente a las de las dos niñas. Su puntaje se ve perjudicado por el bloqueo emocional. A diferencia de los otros tres, Miguel procede de un trasfondo culturalmente despojado. Por consiguiente, su puntaje tiene significado distinto del de aquellas.

No se debe confiar en el CI aislado, puesto que el desarrollo mental es más rápido en unos períodos que en otros. Por otra parte, existen muchos factores como la salud física, el grado de intercambio que se establezca entre el niño y el examinador y los contactos culturales que influyen en el rendimiento durante el test de CI.

Richards[1] estudió durante un período de siete años el desarrollo de un muchacho, para comprobar si existía relación entre sus puntajes en el CI y sus experiencias vitales. Por cierto que cuando el ambiente hogareño y escolar del chico eran más confirmatorios (es decir, cuando le daban reflejos positivos), el puntaje de CI de este se elevaba a 140; cuando el clima era menos nutricio, el CI bajaba a 117. El ambiente psicológico que rodea al niño tiene poderosa influencia sobre su funcionamiento mental.

El CI no es más que un *puntaje* que estima *grosso modo* la capacidad general disponible en el momento para el manejo de abstracciones mentales (palabras, números, conceptos). Debido a que las escuelas se concentran en las abstracciones, el CI es necesariamente útil para sus fines. Tomado en sí mismo, no obstante, es poco lo que indica aùn acerca de la capacidad para manejar abstracciones. Para saber dónde residen las fuerzas y dónde las debilidades de cada uno, es necesario analizar cada uno de los subtests que componen la prueba total. Y hay que examinar el rendimiento en su totalidad para determinar si el puntaje refleja la verdadera capacidad, o si ha pasado por alto la potencialidad del sujeto.

1. Richards, T. W.: "Mental Test Performance as a Reflection of the Child's Current Life Situation, A Methodological Study", Revista *Child Development,* XXII (1951), páginas 221 a 233.

Los padres, en especial los que pertenecen a vecindarios de clase media alta, comentan a menudo los puntajes de CI de sus hijos, como si tales puntajes tuvieran algún significado intrínseco en sí mismos. Por desgracia, en algunas comunidades, estos puntajes llegan a ser símbolos de status para los padres.

(En términos de la adaptación y la felicidad de sus hijos, ¡cuánto más realista sería el que esos padres se preocupasen por los cocientes de autoestima de sus hijos! La brillantez en la manipulación de abstracciones no se debe menospreciar, pero no garantiza en modo alguno que el niño vaya a funcionar plenamente como ser humano completo.)

El CI elevado no significa necesariamente rendimiento o motivación elevados. Las calificaciones escolares son más a menudo reflejos de la motivación que de la capacidad innata. En las palabras de un consejero escolar, "No es tan importante el cómo es de inteligente el niño, sino lo que hace con lo que tiene." Con su CI de 120 puntos, Olga aventaja a Patricio, cuyo CI es de 165. La acuciante curiosidad y el deseo de aprender impulsan a la niña a emplear al máximo su capacidad, mientras Patricio fantasea y se preocupa en torno de lo que los demás piensan de él. La autoconfianza permite al niño dar lo máximo de sí, mientras que la brillantez puede quedar empantanada en la baja autoestima.

La prueba del CI no mide la capacidad creativa, ni el liderazgo, ni la imaginación, ni la motivación, ni el talento artístico. Esto no significa que los puntajes de CI carezcan de valor; pero sí que se los debe ver como lo que realmente son.

¿Es la inteligencia una cosa fija?

En otros tiempos, solía creerse que la inteligencia es fija, y que no se la puede cambiar. Hoy sabemos que no es así.

Los CI de los niños adoptados se acercan más a los de sus padres adoptivos que a los de sus padres naturales. En los vecindarios culturalmente privilegiados, entre el veinticinco y el treinta por ciento de los chicos alcanza puntajes de 125 o más en las pruebas del CI. En cambio, ese porcentaje se reduce al seis por ciento en las comunidades culturalmente desprovistas. (En parte, es cierto, ello se debe a que los tests de CI reflejan el contacto con los libros, conversaciones y dispositivos materiales.) Cuando se brindan experiencias enriquecedoras a los niños desprovistos, los puntajes de CI de muchos de ellos se elevan en forma espectacular.

Un estudio de largo aliento llevado a cabo sobre trescientos niños por el *Fels Research Institute* del *Antioch College*, en los Estados Unidos, reveló que el CI fluctúa considerablemente. En el estudio se observó que muchos puntajes disminuían en forma sostenida durante los primeros seis años de la vida, en que los niños dependen de los padres. Pero más de la mitad de los jovencitos comenzó a alcanzar puntajes más elevados apenas ingresaron en la escuela primaria y tuvieron que depender de sí mismos.

Existen muchas pruebas de que la inteligencia, tal cual se la mide mediante las pruebas de CI, no es fija. Los padres pueden colaborar en gran medida al crecimiento de la capacidad mental de sus hijos; por otra parte, su influencia sobre el deseo de aprender de estos es notoria.

Obstáculos para el aprendizaje

Aunque se aliente su curiosidad y se les ofrezca entornos ampliamente estimulantes, algunos niños no emplean su verdadera capacidad. Las causas de este fenómeno pueden provenir de cualquiera de una serie de fuentes, o de combinaciones de las mismas.

Los impedimentos físicos suelen bloquear el aprendizaje: los defectos auditivos y visuales, las incapacidades neurológicas, los desequilibrios hormonales y la maduración física lenta afectan la calidad y la velocidad del aprendizaje.

Cuando presenten problemas de aprendizaje, *siempre* debe comprobarse, *en primer término*, la posibilidad de que exista un defecto físico. Ocurre muy a menudo que se descubren anormalidades físicas en niños catalogados como de aprendizaje lento.

Muchos problemas de aprendizaje surgen de problemas emocionales.

> **El crecimiento intelectual no se produce aparte del crecimiento emocional; ambos están ligados entre sí.**

El niño cuyas necesidades emocionales no están satisfechas tiene menos probabilidad de buen desempeño en el estudio. Los hambrientos no tienen gran motivación para aprender de los libros. Primero tienen que satisfacer su hambre; después podrán concentrarse en el aprendizaje. Como ya lo señalamos, el niño que se considera fracasado tiene poca motivación para hacer pruebas. Y el que arrastra un cúmulo de represiones posee escasas energías disponibles para las exigencias de la escuela.

Los padres dicen a menudo: "Me gustaría saber cómo motivar a mi hijo." Recordemos lo siguiente: *la alta autoestima es el resorte principal de la motivación.* Cuando el niño cree: tener capacidad, poder hacer y tener qué ofrecer a los demás, esa creencia es lo que lo impulsará. Los desafíos son diversión pura cuando creemos que podemos superarlos. En cambio, cuando sentimos que no podemos hacernos cargo de algo, el interés por ese algo se disipa rápidamente. Como dijo Emerson: "La confianza en uno mismo es el primer secreto del éxito."

Observemos constantemente nuestras expectativas respecto de los niños. *La causa más corriente de los bloqueos en el aprendizaje es la presión indebida que se ejerce para que el niño llegue a metas que están fuera de su alcance*, particularmente entre familias de clase media. Estos niños aprenden a fracasar.

"Tienes *Aprobado* en historia; ¿por qué no *Bueno*?" He aquí un cargo que reciben muchos jovencitos de clase media. Uno de los valores mejor atrincherados de nuestros barrios residenciales es la presión por el progreso rápido. Y ese valor invade más y más también los barrios humildes. La consigna es sobresalir, sobresalir y sobresalir. Sin pensarlo y proponérselo, muchos padres bien intencionados comunican a sus hijos que serán más apreciables y valiosos si se colocan a la cabeza de su clase.

Recordemos que el exceso de ambición llega a los niños en forma de no aceptación. Las expectativas elevadas no realistas significan grandes decepciones. Y la decepción golpea la autoestima. Cierra las llaves del impulso, y el niño no intenta siquiera ponerse en marcha.

Otro obstáculo para el crecimiento intelectual es la disciplina demasiado condescendiente, demasiado protectora o demasiado estricta. Los padres dominantes alimentan la hostilidad, la dependencia y la ineptitud, sentimientos estos que bloquean el funcionamiento intelectual. Los padres sobreprotectores y los que rehúsan comprometerse en la fijación de límites hacen que sus hijos se sientan inadecuados y no queridos. Todas estas maneras de actuar conspiran contra la autoestima, cosa que a su vez afecta la motivación para aprender.

La disciplina democrática fomenta el crecimiento intelectual mediante el estímulo de la aceptación de los compromisos, el razonamiento, el pensamiento creativo y la responsabilidad. El compartir el poder en establecer las normas, desempeña un papel de importancia en el fomento de la competencia mental. El estudio Coleman reveló que el factor más importante de la motivación del niño para el aprendizaje es el sentimiento de "tener cierto control sobre su destino". La disciplina democrática permite a los niños albergar ese sentimiento.

La investigación Fels descubrió que aquellos niños cuyo CI aumentaba constantemente a lo largo de los años eran los que iban incrementando su confianza en sí mismos. Se trataba de chicos confiados, seguros de ser amados, en paz con los demás, los menos excitables y los más originales en sus pensamientos. En suma, presentaban todos los signos de la alta autoestima.

Los CI decrecían en los niños dependientes, menos seguros del amor de sus padres, menos capaces de empeñarse en sus propios proyectos, necesitados de mucha dirección, y que se apartaban de las responsabilidades. Sus características definen la falta de autoestima.

La autoestima influye poderosamente sobre el uso que el niño hace de sus habilidades.

Otro obstáculo para el aprendizaje es el que se presenta cuando las líneas de comunicación están obstruidas en parte o por completo. La investigación indica que los niños que se desempeñan mejor en los tests mentales y en las tareas escolares provienen, en general, de hogares en los que existe gran comunicación. Cuando padres e hijos se encuentran cálidamente interesados los unos en los otros y en sus actividades, cuando los chicos se sienten *seguros* para compartir ideas, se estimula el crecimiento intelectual.

Las familias en que la comunicación es reservada, tensa y codificada no permiten que sus miembros estimulen recíprocamente sus pensamientos. En semejante clima, la capacidad mental se estrecha, se distorsiona y no logra desarrollarse.

Al considerar los obstáculos para el aprendizaje, no debemos pasar por alto la importancia de las buenas escuelas, los maestros inspirados y los programas de enseñanza flexibles, adecuados a los intereses de los niños. Los niños motivados y confiados en sí mismos pueden perder su gusto por el aprendizaje cuando se los hacina en aulas superpobladas y reciben la enseñanza de profesores incompetentes, que aplican técnicas inferiores. Por otra parte, cuando se da a los niños parte activa en el planeamiento de los programas de estudio de acuerdo con sus propios intereses, su reacción es muy distinta de la que tienen cuando se los trata como a jarros vacíos en los que ha de volcarse el conocimiento rancio de los libros de texto.

La clase de estudios sociales del profesor S. se hallaba especialmente interesada en un tópico particular de la comunidad. Toda la clase planeó el enfoque que daría a la recolección de datos para la encuesta que realizarían, y entrevistó a todas las personas a investigar. Las sesiones de intercambio de ideas sobre la base de los datos acumulados permitieron elaborar una serie de recomendaciones, que se presentaron luego al concejo municipal. Y muchas de las ideas así concebidas fueron puestas en práctica por la administración pública. "La inasistencia a clase se redujo a cero mientras hacíamos el trabajo", comentó el profesor S., "y hasta los menos afectos al estudio leyeron como nunca lo habían hecho. Fue como si toda la clase hubiera renacido." Cuando se ahonda verdaderamente en las materias del interés personal de los alumnos, resulta casi imposible interrumpir su trabajo. La experiencia directa y el aprendizaje mediante la participación son muy superiores a la práctica que consiste en devorar libros en todo momento.

Pero lo más importante es que esta clase de experiencia educacional dice al estudiante: "Tus intereses son importantes. Traigámoslos al aula, y trabajemos con ellos. Creemos que estás ansioso por aprender, y que eres lo bastante competente como para enfrentar los problemas verdaderos. Queremos que participes activamente en su solución." Un apoyo formidable para el sentimiento del propio valer.

Los grupos de trabajo, la enseñanza en equipos, las aulas sin escalas de calificación, el aprendizaje programado, los proyectos independientes y la investigación en terrenos de interés para los niños se están imponiendo sobre la educación de pasos obligatorios que imperó en las aulas durante generaciones y generaciones. No obstante, y pese a estos adelantos, nos queda un largo camino a recorrer en materia de educación, antes de que podamos superar el enfoque que hace que el maestro comience sus clases con un "Atención niños", y decida qué, cuando y cómo han de aprender sus alumnos. Tal vez no se encuentre lejos el momento en que los maestros queden realmente en libertad para transformarse en gente que aplique sus recursos al estímulo de la curiosidad natural de los niños.

Somos los primeros instructores de lectura, artes plásticas y música con que cuentan nuestros hijos. Apenas se presenta al niño un medio nuevo, su primer interés consiste en ponerse al tanto del mismo. Ya se trate de un libro, de una batea de arcilla o de un piano, dejemos que el jovencito disfrute del encuentro sin que tenga que alcanzar meta alguna.

Victoria, de dos años, toma su libro de cuentos en posición invertida, empuja las figuras con los dedos y se lleva el lomo a la boca. Está reuniendo información de primera mano acerca de algo nuevo; más adelante podrá escuchar los cuentos.

Miguel presenta a la admiración de su maestra el borrón marrón que ha pintado en su hoja. "¿Quieres hablarme de esto, Miguel?", propone ella. (Evita, a propósito, preguntar "¿Qué es?", porque este tipo de preguntas se concentra en el producto, y hace sentir al niño que debiera producir algo.)

—Por supuesto— contesta Miguel. —Es una tortuga enterrada en el barro.

Miguel comenzó por pintar una tortuga de varios colores y luego, al esparcir los colores con el pincel, descubrió que todo se tornaba marrón. Sin inmutarse empleó su descubrimiento de que el rojo, el azul y el amarillo forman el marrón para dotar de casa a su tortuga. Estaba en el control de las cosas.

Todo producto debe ser aceptado y respetado como interacción del niño de que se trate con el medio, o bien como su manera de ver las cosas. La precisión no es importante; el disfrute de la expresión sí lo es.

Cuando se lee en voz alta para los chicos desde mucho antes de que ellos aprendan a leer, se incrementa su interés por los libros. En todo caso, convendrá adaptar el cuento a los niveles de atención y de interés de la criatura. El tiempo dedicado a esta actividad conspira contra el interés cuando no se admiten interrupciones, preguntas y comentarios tendientes a compartir impresiones. La meta de la lectura no consiste en llegar al final del cuento; tiene más valor el estimular la discusión. Aceptemos las reacciones personales del niño, para nutrir las actitudes positivas.

Llevemos a los niños a bibliotecas cuando todavía son pequeños, leamos allí sus libros para ellos, y hagamos que llenen sus propias tarjetas de registro apenas estén en condiciones de escribir sus nombres. Los chicos necesitan verlo a uno leer, comentar y disfrutar los libros. Los libros que se emplean como niñeras o como medios para retirarse de la vida contrarían nuestros propósitos.

Nuestros *hobbies*, artesanías, herramientas y jardines ayudan a los niños a aprender más acerca de su mundo. Debemos dar siempre lugar a la experimentación y el descubrimiento. Los elementos de referencia (mapamundi, diccionarios, atlas, enciclopedias) puestos al alcance fácil de los niños constituyen importantes recursos para las mentes en crecimiento.

La confección de mapas de lugares familiares para los niños y el jugar a interpretarlos transforman la geografía en cosa real. Una familia que se mudaba con frecuencia mantenía un "libro de bitácora" de los lugares en que había vivido, acompañado con mapas de las rutas recorridas en sus viajes. "Tuvimos incontables horas de diversión mientras realizábamos este trabajo juntos", comentó el padre, "y de él surgieron toda clase de preguntas, que condujeron a nuestros hijos a la lectura por su cuenta y a la iniciación de sus propios proyectos."

Cuando Paul planteaba una cuestión, su padre le respondía generalmente: "Vamos a mirar en los libros", en vez de "Ve a mirar en los libros". El compartir la búsqueda de respuestas hasta que el hábito de la consulta se haya establecido con firmeza hace que el aprendizaje resulte más atractivo.

Los tableros murales hogareños, en los cuales se pueda exponer trabajos artísticos, colecciones y cuentos, aumentan el interés en el aprendizaje, además de estimular la creatividad y de dar al niño reconocimiento y sentido de la propia importancia. (Las puertas de los gabinetes de cocina y de las heladeras constituyen excelentes tableros murales cuando en la casa existen problemas de espacio.)

Las grabaciones y los instrumentos de todo tipo enriquecen las vidas de los niños. La construcción de sus propios instrumentos, la creación de canciones y la danza libre invitan a la creatividad.

La televisión es fuente de acaloradas disputas en muchas familias. Cuando se la emplea indiscriminadamente o en reemplazo de las niñeras, alienta la pasividad y conspira contra el esfuerzo creativo. Pero las personas selectivas pueden hallar en ella programas valiosos. Hasta cuando los programas son irremediablemente pobres, uno puede capitalizar ese hecho si interesa a los niños en imaginar mejoras.

Para la selección de los programas que se verán, tal vez lo

más apropiado sea el sistema de votación democrática; pero no tenemos por qué creer que atentamos contra la autoestima de los menores cuando vetamos con justicia algunos de tales programas. Nadie invitaría a su casa a asesinos ni a cazadores de cabezas para entretener a sus hijos. Si bien es cierto que los malos tipos de la televisión siempre terminan por perder, difícilmente crea alguien que una dieta continua de tiros y puñaladas vaya a resultar constructiva. Es deseable que exista cierto grado de latitud en cuanto a que ellos puedan elegir sus programas, pero si uno u otro demuestra propensión a una corriente continua de programas especializados en la violencia, tal vez nos esté dando un indicio de que alienta sentimientos hostiles, que necesitan liberarse por otras vías (atención activa, arcilla, deportes activos, etcétera). Cuando un chico pugna por estar constantemente ante el televisor, esta preferencia puede indicar que las relaciones sociales dan poca satisfacción al afectado. Muchos niños dejan gustosos el televisor cuando se sugiere un juego en familia o una sesión de lectura de cuentos.

Los títeres llevan el teatro al hogar, y también una manera de ayudar a los jovencitos a elaborar sus sentimientos por vías socialmente aceptables. Los que se hacen en casa —que pueden ser desde simples bolsas de papel o calcetines viejos con caras pintadas hasta elaboradas figuras de papel *mâché*— son casi siempre preferibles a los de venta en el comercio.

La escritura y el relato oral creativos brindan muchas horas de cálido entretenimiento familiar. Escribamos en primera persona un cuento acerca de un niño pequeño, leámoslo en voz alta, y veamos si cualquiera de nuestros hijos quiere ilustrarlo con dibujos. Este juego da apoyo a la necesidad de progreso y reconocimiento. Los "cuentos instantáneos" —que consisten en crear un cuento de dos minutos de duración acerca de tres cosas carentes por completo de relación, como pueden serlo un canguro, una cáscara de banana y una bicicleta— dan salida a la imaginación creativa.

Los viajes de todo tipo brindan oportunidades fértiles para el descubrimiento y el intercambio de ideas. Se los debe planear teniendo en cuenta los niveles de atención y el interés del niño. Las excursiones que terminan en diatribas disciplinarias contradicen su propio propósito. La exploración y el aprendizaje nada tienen de atractivo en tales circunstancias. Los paseos jamás deben exceder los límites de la resistencia del niño, ni los de la paciencia de los padres.

Las ideas que acabamos de enunciar son apenas algunas de las muchas que pueden aplicarse a la estimulación intelectual de los niños. En todo caso, conviene tener en cuenta que *la forma en que nos relacionemos con ellos en el curso de estas experiencias compartidas ha de decidir el que ellos quieran tener otras, o no*. Si transformamos tales experiencias en ocasiones para la presión y la crítica ellos se atemorizarán. Si, en cambio, las constituimos en oportunidades para la cercanía cálida y respetuosa, se sentirán enriquecidos. *El amor que nutre pone en marcha el crecimiento mental. La clave está en el clima*.

Pese a la importancia de los contactos que lo enriquecerán, el niño necesita disponer de tiempo para estar a solas; tiempo no programado, tiempo libre. La estimulación externa constante puede llegar a impedirle el desarrollo de sus recursos internos. Por reconocer la importancia de la exposición a experiencias nuevas y variadas, muchos padres bombardean a sus vástagos con lecciones y excursiones. Actúan de acuerdo con el principio de que si poco es bueno, mucho será mejor.

Un estudio realizado sobre personas altamente dotadas demostró que, en ocasiones, muchas de ellas pasaban gran parte de su tiempo a solas, apartados de los demás y de la estimulación continua. Lo mejor es llegar al punto de equilibrio entre el tiempo de estimulación y el tiempo programado; los excesos de uno u otro pueden ser perjudiciales.

La creatividad.

La mayoría de la gente quiere que sus hijos sean creativos. Pero, ¿qué significa eso? ¿cómo es el niño creativo? ¿cómo fomentar la creatividad en los niños?

Persona creativa es la que da vida a cosas nuevas. La que ve las cosas de manera original. El niño muy inteligente *no* ha de ser invariablemente creativo. Puede ser un agudo imitador o un ávido manipulador de símbolos, y con todo no ser creativo. En el bando contrario, entre personas con estudios apenas medianos, llegan a ser cocineros, modistas, tallistas, músicos, pintores o decoradores de interiores altamente creativos.

Las maneras originales de ver la vida y reaccionar ante ella son dones que en grados diversos, todo niño normal trae al mundo consigo. Muchos piensan en la creatividad en términos de grandes obras de arte plástica, música, literatura o ciencia.

Olvidan, sin embargo, que la creatividad que florece de pequeñas maneras es tan auténtica como la que se expresa mediante grandes obras.

Es probable que todos conozcamos a alguien que no pasará a la historia como genio creativo, pero que emplea su individualidad para dar novedad a su vida cotidiana.

¿Cuáles son las características que distinguen al jovencito creativo del que no lo es?

Los niños creativos tienden a ser independientes, inmunes a las presiones de grupo, poco proclives a la conformidad y despreocupados de lo que los demás piensan de ellos. Reservan su capacidad para preguntarse cosas, indagar, y ver el mundo una y otra vez. Son flexibles, imaginativos, espontáneos y juguetones en su enfoque de los problemas. Muy receptivos de lo que les ofrecen los sentidos, tienden a ver más, sentir más y asimilar más de lo que los rodea. Los jóvenes creativos están igualmente abiertos a lo que ocurre dentro y fuera de sí mismos. En resumen, son altamente reactivos a sus mundos interior y exterior.

Estos niños, están siempre dispuestos a correr los riesgos implícitos en prestar atención a lo que intuyen y en probar lo nuevo. Se requiere cierto grado de confianza y seguridad para trabajar con lo desorganizado, lo complejo, lo incongruente, lo desconocido y lo paradójico. Los chicos creativos no se preocupan demasiado por la prolijidad ni por la rapidez, y la rutina los aburre velozmente.

Frank Barron, que realizó amplias investigaciones sobre la creatividad, distingue dos clases de la misma: la que proviene del inconsciente reprimido, y la que fluye libremente de un inconsciente sin trabas.

La persona que crea a partir de la represión, produce obras monótonamente similares. Estas son salidas para las represiones y los apetitos personales. El que, en cambio, crea libremente, expresa su singularidad en formas ampliamente variadas y cada uno de sus productos es original y nuevo.

Los poemas de Juan atrapan al lector con su vívida imaginería y sus llamativos ritmos, pero machacan una y otra vez la misma sangre y las mismas heridas. Los de Armando, en cambio, se destacan por sus reacciones únicas ante una amplia gama de experiencias: el tocante tributo a las luces que se filtran en el bosque, el zumbón testimonio de la danza de los renacuajos, el ardoroso arrebato en defensa de una causa perdida, la rutilante canción de la espuma de una ola escarchada.

Abierto a todo lo que está en su interior y a su alrededor, Armando reacciona en consecuencia. Su creatividad no se ve frenada por el tener que afilar sus hachas psicológicas.

¿Cómo fomentar la creatividad en los niños?

Cuando los chicos saben que la singularidad se respeta, son más proclives a poner en juego la suya. Las reacciones que reciban sus primeros pasos en el ejercicio de la originalidad determinan el que su impulso florezca o se marchite.

La creatividad necesita un clima de seguridad respecto de los juicios, y también libertad de expresión.

Quien valora la conformidad, el pensamiento estereotipado, el orden constante y el acatamiento, difícilmente sea capaz de alimentar la creatividad. Cuando uno es capaz de tolerar la imperfección y los fracasos, sus hijos serán más proclives a probar ideas nuevas, puesto que sabrán *por adelantado* que la aprobación de uno no dependerá de los resultados del proyecto que emprenda.

Creatividad y autoestima

La relación entre alta autoestima y creatividad sin trabas es poderosa en extremo. La creación es un acto de digresión por naturaleza. Su mensaje dice: "Veo las cosas a *mi* manera, y estoy dispuesto a dejar que penetres en mi mundo perceptual privado." Para hacer pública su reacción personal, es necesario disponer de confianza en uno mismo.

Los estudios pertinentes demuestran que el jovencito libremente creativo posee altos niveles de autoconfianza, madurez emocional, serenidad e independencia. Tiene, además, capacidad para la concentración sostenida, y para absorberse y comprometerse en la realización de sus proyectos.

Estos descubrimientos nada tienen de sorprendente, puesto que el niño al que la experiencia le ha demostrado que lo aman y estiman incondicionalmente se encuentra en libertad para prestar atención a sus solicitaciones internas; confía en sus reacciones personales y su intuición. Su *creencia en sí mismo* apoya el impulso de llevar a cabo sus ideas únicas. Sus energías que se malgastan en la autodefensa— están libres para salir al paso de lo nuevo. El no cree que su valor personal se juegue en cada uno de sus productos.

Por ser socialmente independiente y gozar de paz interna, se ve menos restringido por el pensamiento de los demás. Es menos probable que las presiones de grupo lleguen a limitar su expresión. La alta autoestima libera al chico para jugar con un repertorio de posibilidades, confiado en que puede elegir las de mayor mérito. Y puede así permitirse el lujo de defender sus ideas y opiniones. Para ser creativo, el muchacho debe creer en sus propias percepciones, y confiar en su propia capacidad para expresarlas. La autoestima elevada da este tipo de confianza.

El niño con autoestima baja puede concebir ideas únicas, pero, por ser socialmente dependiente, es más proclive a dejarlas de lado en salvaguarda de la aprobación. Es más sensible a las críticas, porque ya se ha juzgado negativamente a sí mismo. Por consiguiente, prefiere trabajar bajo las órdenes de otro. Se aparta de las decisiones creativas e independientes, de la responsabilidad y del liderazgo; se esconde de la vista de los demás, porque sabe que esta sólo lo expone a mayores críticas. La competencia asusta; él prefiere ahogar su talento. La conformidad es menos riesgosa que la creatividad. La búsqueda de satisfacción para sus necesidades psicológicas tiene, para él, prioridad sobre la aventura de lo desconocido. De hecho, lo desconocido atemoriza al niño de autoestima baja. Este no espera triunfar en el manejo de ese desconocido; ya ha fracasado bastante.

Aunque para este chico es importante destacarse, con el fin de obtener reflejos positivos, su falta de autoconfianza le obstruye el camino. El tiene sus metas, pero escasas esperanzas de éxito. Al proyectar una imagen de ineptitud, convence a los demás —con su propio comportamiento— de que carece de valor.

Cuando se construye activamente la autoestima del niño, se alimenta su desarrollo intelectual, su motivación y su expresión creativa. (Es interesante destacar que el clima psicológico que produce al niño libremente creativo está compuesto por precisamente los mismos ingredientes que el clima del amor. Véase Segunda Parte). El joven con autoconfianza se lanza al desarrollo de sus potenciales y talentos particulares.

Los encuentros seguros, las normas razonables, los contactos ricos y la disciplina democrática aseguran el aprendizaje y la creatividad. El impulso de aprender del niño necesita apoyo, y él debe estar seguro de que los errores no son hechos catastróficos. Cuando los niños viven con padres capaces de proporcionar semejante atmósfera, se despliegan en todos los sentidos.

Como padres que se interesan por sus hijos, debemos apoyar activamente los movimientos que trabajan en pro de la eliminación de las prácticas escolares restrictivas: los sistemas de calificación por medio de los cuales se compara al niño con otros, la enseñanza uniforme, las aulas atestadas y el predominio amplio de las actividades dirigidas por el maestro. Los niños llevan al aula sus sentimientos, apetitos y aptitudes. Es necesario que sean cada vez más los padres y los maestros conscientes del papel que la autoestima desempeña en las vidas de los niños. La educación *debe* interesarse por las emociones y las actitudes hacia sí mismos de los chicos, pues de lo contrario no se ocupará del niño como totalidad. Y a no olvidarlo: toda educación se inicia en la cuna.

Padres y maestros deben trabajar juntos para ayudar a que los niños abarquen todas las partes de sí mismos, de modo de estar en libertad de aprender y crear. Sólo cuando se respeta su total originalidad puede el chico permitir que su individualidad se despliegue.

V

SEXO Y AUTOESTIMA

18

EL MATRIMONIO
ENTRE EL SEXO Y EL AMOR

Significado de la educación sexual

Si la educación sexual sólo comprendiese la enseñanza de los hechos de la reproducción, podríamos liberarnos de nuestras responsabilidades mediante una conversación entre padre e hijo, una conferencia entre madre e hija, o un buen libro. Sin embargo, no es este el caso, ya que rara vez el conocimiento de los hechos alcanza para prevenir los problemas. En cambio,

> **son las actitudes hacia el sexo y hacia sí mismos lo que determina la forma en que los jovencitos manejan el sexo.**

Y para muchos de nosotros, la parte espinosa de la educación sexual reside precisamente allí. ¿Por qué constituye el sexo semejante problema, y cómo enseñar actitudes saludables?

Por qué el sexo es un problema

Aunque vivimos en pleno siglo veinte, la creencia de siglos atrás respecto de que el sexo es malo y sucio se esconde aún en los pensamientos de muchos de nosotros. Tal vez no admitamos conscientemente este concepto pasado de moda, pero actuamos como si lo hiciéramos.

Durante los siglos quince y dieciséis, el placer mundano era considerado pecaminoso. Se tenía al sexo por cosa necesaria para la conservación de la especie, pero el consenso público consideraba que su goce deliberado era obra del demonio: el sexo simboliza la caída del hombre. Aun practicado entre parejas casadas, no se lo respetaba como fuerza positiva; era algo que no hacía más que señalar la bestialidad del hombre. Y para la mujer, el disfrute del sexo significaba la inmoralidad, cuando no la depravación absoluta. El sexo era clandestino; reinaban la represión y la hipocresía.

El tema ha sido sacado a la luz en forma gradual; de hecho, hoy el sexo recibe atención exagerada debido, sin duda, a la reacción consecuente de haberlo mantenido oculto. Ahora, el sexo como creación nos llega desde todos lados: los anuncios, la televisión, el cine, la literatura, el arte y la vestimenta.

Algunos padres, en lo que constituye una reacción contra su propia formación puritana, creen que demuestran su esclarecimiento cuando proporcionan "las píldoras" a sus hijas y las dejan en libertad. Sin embargo, muchos jóvenes que han emprendido el camino del sexo como gratificación lo encuentran poco satisfactorio. Surge una nueva moralidad, y con ella la lucha por colocar al sexo en una nueva perspectiva.

El sexo merece su justo lugar como impulso creativo y nutricio de la vida, con el que debemos manejarnos abiertamente. Pero también es una fuerza que debe respetarse. Podemos transformarlo en instrumento de control y explotación, o relacionarlo con el amor, la responsabilidad y el compromiso. Cuando se lo emplea mal, puede destruir las relaciones humanas; usado con responsabilidad, nutre y enriquece.

Actitudes sexuales saludables.

Todo ser humano normal posee sentimientos sexuales. La actitud positiva hacia el sexo incluye aceptar dichos impulsos como hecho vital y apropiado; implica no considerar vergonzosos los sentimientos sensuales. La perspectiva saludable se funda en lograr la comodidad del jovencito respecto de su sexo y de su rol sexual.

La forma en que él adolescente maneja sus necesidades

sexuales se encuentra vinculada a todas sus experiencias con la vida y el amor. Y las actitudes correspondientes se forman desde el nacimiento. Para enseñar actitudes sexuales positivas, conviene estar al tanto de los diversos factores que afectan la perspectiva del joven.

Sexo y amor

El impulso de aparearse y procrear se consideró instintivo durante mucho tiempo. Sin embargo, el trabajo con monos llevado a cabo por Harry Harlow parece indicar que esos llamados instintos bien pueden ser producto del aprendizaje. Los monos que se criaron separados de sus madres, mostraron, al llegar a adultos, poco o ningún interés en el apareamiento, y las monas criadas en estas condiciones rechazaron las proles que procrearon por obra de la inseminación artificial.

Las pruebas indican que la fuerza del impulso y la necesidad sexuales del adulto y la necesidad de procrear se encuentran coloreadas por los tipos de experiencias que cada uno haya tenido en su infancia respecto de la ternura, las caricias y el contacto. Según parece, para que el ser humano *dé* amor, primero tiene que *recibirlo*.

Cada vez que abrazamos, mecemos, palmeamos, bañamos y alimentamos a nuestro bebé, le damos experiencia en recibir el amor. De la forma en que se lo toque y trate dependerá el que encuentre o no placer en el contacto físico; ello afectará su capacidad futura para disfrutar de la intimidad. La ternura cálida y el respeto por el cuerpo del niño y sus necesidades constituyen la primera exposición del niño al amor y, por consiguiente, a la educación sexual.

Cuando brindamos encuentros seguros (confianza, estima, no juicio, empatía, separación, atención concentrada), enseñamos que la intimidad psicológica y el compromiso personal no se deben temer. Enseñamos que el abrirnos psicológicamente a personas importantes en nuestra vida es nutricio, y no peligroso. Damos silenciosas lecciones de amor, lecciones que forman parte importante de la educación sexual constructiva. El niño que se siente maltratado cuando se atreve a aproximarse encuentra riesgoso el contacto íntimo. Puede entonces preferir la alienación y el sexo físico a la vulnerabilidad de la intimidad psicológica verdadera. Cuando esto ocurra, el chico será candidato a las relaciones falsificadas, ya que está claro un hecho preponderante: *la intimidad física no es un atajo para la intimidad psicológica.* El acto sexual no elimina por sí mismo la soledad y el enajenamiento. No obstante, muchas personas (jóvenes y viejas) lo creen así. Y resultan invariablemente decepcionadas.

El contacto sexual es siempre más satisfactorio cuando se produce en el contexto de la atención tierna, la apertura y la sensibilidad hacia los mejores intereses del otro. En las palabras de Edmund Bergler, *"El sexo 'sabe' mejor cuando se lo condimenta con amor tierno. Es esta una experiencia que nada tiene que ver con las actitudes morales."*[1]

El amor de cualquier profundidad significa compromiso. Cuando la satisfacción sexual se produce en el contexto de la confianza, el compromiso y la seguridad, sus placeres adquieren alto significado. El joven que vivió en un clima de amor es más apto para crear un marco de este tipo a sus sentimientos sexuales. Le interesa menos el sexo como diversión.

El sexo y los sentimientos negativos

La ayuda que se da al niño para la expresión de sus sentimientos negativos afectará sus relaciones sexuales futuras. Como hemos visto, la represión de las emociones negativas también mantiene en lo bajo a las positivas, las del amor. El individuo que está en guardia no abandona sus controles cuando se mete en la cama. Su vida sexual carece de la cualidad de la espontaneidad abierta, y es primordialmente física.

Aquel que reprime sus sentimientos puede usar el sexo como válvula de salida para ellos. El recurso típico de Juan para vengarse de su esposa en momentos de acumulación de presiones consistía en llegar al *clímax* sexual antes que ella, con lo que la dejaba frustrada e iracunda. El suyo era un artilugio tan inconsciente como poderoso para tomarse revancha. Cuando las parejas temen elaborar sus inevitables conflictos mediante la expresión abierta de sus reacciones, la ruptura de la comunicación se refleja invariablemente en su ajuste sexual. La impotencia y la frigidez pueden ser el resultado de actitudes

1. Bergler, Edmund: *Divorce Won't Help.* Nueva York, Harper & Row, 1948 , página 226.

enfermizas respecto del sexo, pero también pueden constituir síntomas de la represión de sentimientos negativos y de averías en las líneas de comunicación.

Cuando los padres de un niño resuelven sus fricciones mediante la discusión abierta, y cuando lo ayudan a él a dar salida a sus emociones, ese niño está recibiendo educación sexual positiva. Aprende que la confrontación no destruye el compromiso y el amor. Y no se ve obligado a disfrazar con el desajuste sexual la salida que da a sus represiones en otros terrenos.

Es obvio que las discusiones entre progenitores que se hacen intensas, prolongadas y destructivas pueden abrumar o asustar al niño. Pueden enseñarle que el matrimonio es de temer, y que se lo debe evitar.

El niño siente la clase de relación que existe entre sus padres, y se forma impresiones acerca de las relaciones amatorias de acuerdo con lo que ellos viven día tras día ante sus ojos. Como resultado de tales experiencias, su conclusión será "El matrimonio es gratificante" o "El matrimonio es destructivo".

El sexo y el cuerpo

Todo niño elabora actitudes acerca de su cuerpo y de sus distintas partes. Y estas actitudes influyen sobre su visión del sexo. Lo que nosotros mismos sentimos acerca de nuestros cuerpos se transmite a nuestros hijos. Si creemos que los órganos de la eliminación y la reproducción son sucios o vergonzosos, nuestros hijos tenderán a adoptar reacciones similares.

Pamela sólo tenía tres años, pero cuando se arreglaba la ropa, después de ir al baño, sus palabras habituales eran: "Tengo que cubrir mis vergüenzas." Muy pronto llegó a la conclusión de que ciertas partes de su cuerpo eran sucias, y que era mejor ni mirarlas.

¿De dónde sacó Pamela semejante idea? Nadie le dijo nunca que hubiese algo vergonzoso en su cuerpo. El mensaje le llegó en forma bastante indirecta: las expresiones faciales de su madre cuando le cambiaba los pañales; su disgusto cuando la niña le llevó la bacinilla, orgullosa de su primera producción dentro de ella; la palmada que recibió en la mano cuando se inclinó para mirarse la vulva y explorarla con los dedos; las risitas de menosprecio de los chicos mayores cuando otro, de dos años, se quitó los pantalones de baño en la playa; el "¡No hagas eso!" que le gritaron cuando se agachó para ver cómo orinaba su perro. Estas y otras reacciones enseñaron a Pamela que los cuerpos poseían parte inaceptables, que la eliminación era cosa sucia, y que ciertas conversaciones deben ser estrictamente susurradas.

Cada vez que bañamos, vestimos o enseñamos a usar los artefactos sanitarios a nuestros hijos, nuestras actitudes hacia sus cuerpos tienen tanta influencia sobre ellos como las respuestas que damos a sus preguntas acerca del cuerpo, el nacimiento y el sexo. Impartimos educación sexual tanto en forma verbal como no verbal.

La forma en que manejemos sus primeras exploraciones de su cuerpo tendrá efecto marcado sobre sus actitudes hacia el mismo. El día en que el bebé de la señora G. descubrió sus propias manos y pasó la mañana entera en examinarlas, ella sonrió ante el asombro de él por su delicioso descubrimiento. Esa misma noche, la mujer comentó cálidamente el episodio con su esposo. Pero, a la mañana siguiente, el chico descubrió su pene y trató de examinarlo; ella se puso tensa, y comunicó a su marido que el hijo de ambos había llegado a "esa" etapa.

Todo niño quiere explorar cada parte de su cuerpo desde todos los ángulos. Estas investigaciones son prueba de curiosidad alerta, y forman parte del autodescubrimiento. Cuando tratamos los descubrimientos en un terreno como cosa aceptable, pero nos sentimos inquietos respecto de los descubrimientos ocurridos en otras zonas, enseñamos que ciertas partes del cuerpo son tabú.

Tarde o temprano, todos los jovencitos descubren su aparato genital, y advierten que este suscita sensaciones placenteras. Todos ellos se dan a la autoexploración y a ciertas formas de exploración mutua o de juego sexual.

¿Qué hacer cuando esto ocurre? Nuestras reacciones hablan a los niños. ¿Los reprobamos, los avergonzamos, los amenazamos? ¿O les decimos cuál es el nombre de cada parte del cuerpo, y les explicamos la diferencia entre mujeres y hombres? ¿Les decimos "sí, esas partes dan sansaciones agradables, pero no tienes que jugar con otros chicos para conseguirlas"? ¿Consideramos los juegos genitales de los niños como cosa normal, o como precocidad peligrosa?

La palabra "masturbación" tiene carga emocional para muchos padres. Todavía hoy, hay adultos que creen, *falsa-*

mente, que la masturbación produce enfermedades mentales, retardo mental y delincuencia. *Esta creencia es totalmente falsa;* la masturbación no tiene efecto alguno de ese tipo. Es cierto que muchos enfermos o retardados mentales y delincuentes se dan a la masturbación, pero su automanipulación no es la causa de sus problemas. Los problemas son anteriores; la masturbación viene después.

La automanipulación es un acontecimiento casi universal durante tres etapas del desarrollo normal. En la infancia, el niño saludable y normal toca e investiga sus genitales con la misma curiosidad con que se mete los dedos en las orejas, acaricia a su osito o tira de la cola del gato. Puesto que los nervios de la zona son muy sensibles, el chico experimenta naturalmente, una sensación placentera generalizada. Pero esta sensación no es la excitación intensa del adulto maduro. No podemos impedir que este descubrimiento inicial se produzca y, además, si lo manejamos con imprudencia, el niño llegará la conclusión de los órganos genitales y todas las sensaciones que de ellos provienen son cosas malas e inconvenientes.

El segundo período del juego genital se extiende entre los tres y los cinco años, época en que los niños se ligan emocionalmente al progenitor de sexo opuesto al suyo. En esta etapa, los chicos manejan algunos de sus sentimientos sexuales mediante la automanipulación. Debido a que los varones tienen un órgano notorio que da placer cuando se toca, ellos se muestran más proclives a jugar consigo mismos que las niñas.

"¿Qué debo hacer cuando mi hijo de cuatro años toma su pene en público? Si permito que lo haga en el momento en que se le ocurra, se va a ganar el rechazo de los demás", consultó la señora W.

Lo que esta señora dijo es la verdad. Para ayudar al chico a aprender los modales de la sociedad, debemos decirle que, si quiere tomar su pene, tendrá que hacerlo en la privacidad del hogar. La fórmula puede ser: "Mira, tú sabes que hay algunas cosas que hacemos ante los demás, y otras cosas que sólo hacemos en la privacidad de la familia. No salimos a la calle sin ropas, pero si queremos hacerlo en casa, podemos. Si quieres tocarte el pene, espera hasta que estemos en casa."

Alrededor de los tres o cuatro años, el niño adquiere conciencia de que existen dos sexos, y de que él es niño o niña. Su curiosidad respecto de las diferencias entre los cuerpos y las maneras de orinar no tiene más significación que su interés cuando nota que los pollitos y los gatos comen de maneras distintas.

Muchas guarderías de avanzada proveen a que los niños puedan ver cómo orinan los miembros del sexo opuesto; para ello, cuentan con cuartos de baño comunes para niñas y niños. Esta práctica *no* ha provocado aumento alguno ni en la precocidad sexual ni en el juego sexual. En cambio, fomenta la aceptación de las diferencias entre sexos, y elimina las falsas vergüenzas cuando es necesario exponerse para satisfacer la curiosidad. A las pocas semanas de esta experiencia, los niños no tienen más interés en ver cómo orinan los otros que el que puedan tener para verlos tomar un vaso de agua.

El tercer período de automanipulación se presenta en la adolescencia, en que se hace sentir la actividad específica de las glándulas sexuales. Puesto que las salidas directas para la expresión sexual se encuentran restringidas para ellos hasta tener mayor edad, los adolescentes recurren a la masturbación para hacer frente a la nueva intensidad de sus sentimientos.

Así, pues, cierta medida de juego genital forma parte del desarrollo normal. Evitemos toda sugerencia de que la masturbación sea sucia, enferme al niño, cause insanía o impotencia o sea signo de debilidad moral.

Debemos preocuparnos cuando la masturbación se hace prolongada y excesiva. Cuando esto ocurre, puede significar que *las relaciones del chico con los demás dan al niño tan poca satisfacción que lo obligan a volver sobre sí mismo.*

La masturbación puede servir para aliviar tensiones. Cuando es excesiva, es índice de que el jovencito es desdichado, o se ve sometido a presiones excesivas. Puede también querer decir que hay pocos compromisos significativos en su vida. Sus tensiones pueden provenir de la contención de sentimientos negativos, de expectativas poco realistas, del exceso de competencia, del sentirse inepto, aburrido o solo, o de una disciplina demasiado estricta o demasiado indulgente. Casi siempre, tales tensiones se presentan acompañadas por otros signos de desdicha.

Nuestra tarea consistirá en trabajar con las causas de la situación y no con el síntoma, que eso es la masturbación excesiva. Cuanto más serenidad, aceptación y positividad haya en el clima que brindamos, menos serán las tensiones internas que desarrollarán nuestros hijos. Los niños felices y comprometidos son mucho menos proclives a buscar la satisfacción de sus vidas en la masturbación. Difícilmente puedan los placeres de la automanipulación superar la dicha de sentirse amado y valioso. La masturbación sólo brinda alivio temporario y solitario, que no puede competir con los compromisos significativos que se adquieren con los demás.

En resumen, cierta medida de masturbación a ciertas edades es cosa corriente; todo exceso indica que se debe atender al clima que rodea al niño, y tratar de que tenga experiencias capaces de reforzar su autoestima.

El autorrespeto se nutre con la aceptación sincera del cuerpo y sus sentimientos sexuales, si bien tales sentimientos no deben expresarse en forma indiscriminada. Aunque nuestras actitudes y enseñanzas sean positivas, los niños están expuestos a las actitudes negativas de otras fuentes. Todo lo que podemos hacer en este sentido es asegurarnos de que el entrenamiento que les damos sea realmente positivo, y hacerles ver que existen otras actitudes. Conviene recordar siempre que el niño que se tiene en alta estima es menos proclive a absorber tales actitudes negativas.

Identificación con el sexo y su rol

Nada es más devastador para el niño que creer que su sexo lleva las de perder. El sentir que su sexo, masculino o femenino, ocupa el segundo plano, destruye su autorrespeto, ya que nada puede él hacer para alterar la situación. Este sentimiento puede, además, ser un obstáculo para que la criatura se identifique con su rol sexual.

El señor G. estaba seguro de que, por supuesto, su primer hijo sería varón; y planeó toda clase de actividades que ambos llevarían a cabo juntos. Cuando el ansiado bebé resultó niña, quedó anonadado. Aunque le pusieron el nombre de Elena, él la llamaba "Pibe" y, en son de broma, la presentaba como "mi hijo". Elena nunca se sintió bien consigo misma. Su recurso consistió en transformarse en niña masculinoide. Su baja autoestima, su falta de identificación femenina y la ira que le producía el rechazo enmascarado de su padre afectaron notoriamente su adaptación total al matrimonio.

Cuando uno resiente el sexo de su hijo, debe buscar las causas en su propio interior. Y tomar medidas *activas* para corregir el rechazo pues, de lo contrario, el chico se sentirá inaceptable en un nivel muy básico. Parte de la autoestima de todo niño se encuentra en sentir que está contento de ser varón o contenta de ser niña. Y cuando uno no está contento de lo que su hijo es, este tampoco puede estarlo.

El sexo y la relación con los padres.

Las actitudes de toda niña hacia los varones estará teñida por las relaciones que tenga ella con su padre. Por su parte, la manera de ver a las niñas del varón dependerá de la forma en que se haya llevado con su madre.

Dominado por su madre, Enrique evitaba ponerse bajo la férula de otra mujer, ya que, para él, mujer significaba necesariamente dominación. Nunca se casó; veía el sexo como vehículo para controlar a las mujeres, en un esfuerzo nunca acabado de tomar revancha de su madre.

El odio de Gertrudis por su padre se generalizó en forma de disgusto por todos los hombres. Se casó, pero luego dedicó su vida a hacer miserable la de su marido. La única razón de que su matrimonio durase fue el haber encontrado a un hombre con necesidad profunda de que lo castigasen.

Los sentimientos de amistad entre hija y padre y entre hijo y madre contribuyen a que el niño llegue a disfrutar del sexo opuesto, y pueda en el futuro adaptarse sexualmente a su pareja.

El sexo y las tareas de desarrollo

Los adultos emocionalmente inmaduros no manejan maduramente sus sentimientos. Y los sentimientos sexuales no se exceptúan de esta regla. Cada vez que el niño completa una tarea de afirmación del yo, da un paso hacia la madurez emocional. Ayudarlo a cumplir las etapas del crecimiento es darle educación sexual positiva. Las tareas que no se realizan o que se realizan en un clima de culpabilidad colaboran con la inmadurez y con el funcionamiento sexual inadecuado. Toda persona aporta su persona total a la comunicación íntima de la sexualidad adulta. Y se comporta en consecuencia.

Sexo y disciplina

Puesto que la disciplina se ocupa de la forma en que cada miembro de la familia atiende a las necesidades de los demás, el tipo de régimen en que el niño viva afectará sus respuestas a las necesidades —incluso las sexuales— de los demás y de sí mismo. El chico dominado puede usar el sexo para controlar; el acto sexual será para él de espíritu más parecido al de la violación que al de lo que es recíprocamente placentero. Y los jovencitos aplastados por el autoritarismo bien pueden transformarse en algo así como trapos de piso sexuales.

La sobrecondescendencia de sus padres hizo que Lucio pensara sólo en sus propias necesidades. Era de los que "las ama y las deja". No era problema suyo el que las chicas viesen amor en su necesidad de autogratificación. Cuando se casó, su esposa toleró su egoísmo, pero reaccionó con artificios desviados. La cama de matrimonio de ambos era un campo de batalla con estratagemas, contraestratagemas, victorias egoístas y dolorosas derrotas.

La disciplina democrática da al niño esquemas de respeto mutuo que él podrá aportar a su vida sexual. Alimenta la dedicación y el compromiso que se transforman en una forma total de vida. Se transforma, pues, en fuerza poderosa para la educación sexual positiva.

El sexo y la autoimagen

Como hemos visto, la imagen de sí mismo influye la conducta del joven, incluso la conducta sexual.

Luis se sentía profundamente inepto como hombre. Sus arranques donjuanescos eran sólo esfuerzos para demostrar su virilidad a los demás y a sí mismo. Su mayor interés en todas sus citas era el de llevar a la chica a la cama, para verificar su poderío sexual. Ya casado, le era imposible ser fiel a su mujer, porque necesitaba reunir constantemente nuevas pruebas de ser enteramente masculino.

La falta de adecuación de Tomás se extendió a su vida sexual. Para conservar la coherencia interna, tenía que comportarse como incompetente sexual.

Lucía era excepcionalmente atractiva y bastante sensata, pero creía tener poco que ofrecer a los demás. Y a los dieciséis años, había participado en una serie de *affaires* amorosos. En una sesión de asesoramiento de grupo, habló de su promiscuidad: "Todo lo que puedo ofrecer a los muchachos es mi cuerpo. El sexo es mi seguridad de obtener invitaciones: significa que no me harán a un lado." Al no creer que su persona era digna de respeto, tampoco lo creía de su cuerpo.

La franqueza de Lucía hizo que otra de las chicas del grupo se abriese. Se llamaba Margarita, y estas fueron sus palabras: "Yo no pertenezco a grupo alguno. Toda la vida he deseado estar 'dentro'. El sexo es mi tarjeta de admisión. ¿A quién le importa la reputación? ¡Ella no le asegura a uno compañía cuando está fuera del campo de juego! "

"Sé que formo parte de una banda nada buena", admitió Juana, "pero, por lo menos, ellos son parecidos a mí. Somos un manojo de rechazados; eso es lo que tenemos en común. Claro que me gustaría estar con chicos de otra clase, pero cuando me topo con ellos no se siquiera qué decirles. Son todos tan seguros de sí mismos, que me hacen sentir peor que nunca. Jamás pude entendérmelas con su círculo, de modo que ¿para qué voy a intentarlo? " La falta de autorrespeto de Juana se reflejaba en las amistades que había buscado y en la conducta consecuente.

"Yo creo que mi razón para acostarme con cuanto tipo sale conmigo nada tiene que ver con el sexo, ni con las citas ni con el deseo de ser aceptada", dijo Isabel. "Me parece que lo hago para vengarme de mi madre, que me manejó con mano de hierro desde que tengo memoria. No es que me guste tanto el sexo, sino que eso es *algo* en lo cual ella no me puede manejar. Además, es francamente divertido hacer que el tipo se preocupe. Me da la sensación de ser poderosa, y eso me gusta."

El sexo instantáneo e indiscriminado crea relaciones huecas; alienta la falta de compromiso y alimenta la alienación.

El sexo indiscriminado resulta de la necesidad de recibir placer sin presiones nacidas del compromiso o del conflicto. La persona que sólo busca autosatisfacción, pero no responsabilidad, cae siempre en la órbita de otros cuyos intereses son similares. El sujeto emocionalmente maduro no busca compromisos superficiales. De hecho, la búsqueda de relaciones responsables es una declaración tácita: "Tengo algo que ofrecer a otro, y puedo hacerme cargo de un compromiso a largo plazo."

El sexo indiscriminado es el grito de quienes tratan de eludir la madurez. Es una manera obvia de escapar de las tensiones que *todo* compromiso implica. La responsabilidad respecto de los demás es lo que distingue al hombre del animal en la sexualidad madura. La autobúsqueda nunca resulta en autosatisfacción.

Los jóvenes sexualmente promiscuos usan el sexo para hacer frente a problemas más fundamentales, que no tienen relación con el mismo. Su vida sexual rara vez conduce a las cálidas satisfacciones que buscan. Y, en general, les ocurre algo patético: su síntoma los lleva a callejones sin salida, que invariablemente les crean problemas nuevos y más complicados.

Así, pues, la promiscuidad puede surgir de una variedad de fuentes: los apetitos emocionales, las reacciones negativas a los valores de los padres, el exceso de control o el exceso de condescendencia. Y, por supuesto, también puede ser resultado del ejemplo de dichos padres.

Cuando se da en los muchachos, la promiscuidad tiende a ser aceptada. " ¡Los varones tienen que ser varones! ", decimos.

Nuestra cultura se atrinchera en la creencia de que los varones deben tener sus correrías. Muchos padres se sienten secretamente orgullosos de las escapadas sexuales de sus muchachos, seguros de que ellas subrayan la virilidad de sus vástagos. Sin embargo, la promiscuidad masculina *nada* tiene que ver con la masculinidad; de hecho, suele significar precisamente lo contrario. Los donjuanes tienen que concentrarse en las conquistas para aliviar sus dudas acerca de su propia capacidad sexual.

Si se exceptúan los factores psicológicos (necesidades emocionales insatisfechas), la promiscuidad sexual en los adolescentes varones probablemente sea una función de la intensidad del impulso sexual masculino, sumado a las presiones culturales que postergan la edad del matrimonio. En las chicas, es más una función de los apetitos psicológicos que de los sexuales.

La realidad de lo poderoso del impulso sexual de los muchachos ha contribuido en gran medida a la aceptación de una norma doble para la conducta sexual. Las píldoras anticonceptivas, los antibióticos y la revolución habida en la ética moral hace que algunos padres comiencen a aceptar normas similares para sus hijas. Y otros se preguntan cuánta actividad sexual pueden permitir antes del matrimonio.

El matrimonio temprano puede parecer una solución del problema; no obstante, las estadísticas muestran elevados índices de divorcio entre quienes se casan muy jóvenes. Sin duda, algunos de esos divorcios se deben al hecho de que el matrimonio se efectúa para dar status legal al proximo nacimiento de un hijo. Pero muchos otros matrimonios muy jóvenes se tambalean aun cuando no haya sido ese su caso.

Es probable que una de las principales causas de estos divorcios resida en que los contrayentes se encuentran todavía en la evolución de sus potencialidades y en la elaboración de su sentido de la identidad. La pareja que parece compatible al jovencito de diecisiete años, puede resultar completamente insatisfactoria cuando él alcanza la madurez. De manera que el matrimonio temprano no es la simple solución que parece ser en la superficie.

La idea de que las necesidades sexuales *no* se pueden controlar o liberar mediante la participación activa y vigorosa en deportes y otras actividades es sencillamente falsa. La actividad sexual indiscriminada *no* es la única salida para la gente joven.

Las pruebas indican que, cuando el instinto gregario alcanza su pináculo en la adolescencia —es decir, cuando la necesidad sexual se hace urgente—, la mejor arma contra la conducta sexual indiscriminada es el sentido elevado del propio valor personal.

El sentido del valor personal impide que el jovencito se ofrezca a cambio de valores menores, y disminuye su interés por el comportamiento sexual irresponsable. El chico que siente agrado por sí mismo busca relaciones totales, que alimenten la autoestima, y no contactos sin significado, que la deterioren. La creencia en sí mismo hace que el joven tema menos los compromisos: él sabe que puede asumirlos. Y es más libre para adoptar posiciones firmes en materia de moral. Además, como ya lo hemos visto, su autorrespeto le hace buscar la compañía de otros que manejen su vida de manera similar.

El joven de baja autoestima ha tenido experiencias negativas con el amor, una vez que se ha "quemado", prefiere las escapadas que le permiten mantenerse sin compromiso, sin responsabilidad y sin implicarse. Este joven también suele casarse, pero por lo general lo hace con otra persona que elude la intimidad psicológica. Naturalmente, no podrá crecer y florecer sin intimidad genuina, pero ha de preferir el hambre al peligro probado de la cercanía.

La alimentación de la autoestima es fundamental para todo programa de educación sexual positiva, ya que el autorrespeto está en la raíz de todo matrimonio saludable y nutricio para sus integrantes.

Lo que los niños deben saber

Junto con la aceptación de sí mismo y de sus sentimientos, todo joven necesita información acerca del proceso reproductivo. Casi todas las bibliotecas cuentan con volúmenes, escritos para los diversos niveles de edad, que presentan los hechos de la reproducción. La revisión de algunos de ellos nos dará ideas generales acerca de qué hemos de decirles a los chicos, y cómo hacerlo. Con todo, es necesario que les presentemos los hechos específicos *cuando* ellos nos hagan preguntas específicas.

Guardémonos de dar más información que la que el niño pide. El exceso de detalles antes de tiempo confunde, y puede ser asimilado de manera incorrecta.

Antes de llegar a la adolescencia, el niño debe estar familiarizado con los hechos de la reproducción y con los aportes que hacen a la misma la mujer y el hombre. Debe saber cómo se origina el bebé (concepción), cómo crece durante el embarazo (gestación) y cómo nace (parto). Debe conocer los hechos básicos de la herencia, la menstruación y las poluciones nocturnas.

Se debe enseñar a los chicos que el proceso del nacimiento es perfectamente normal. Son muchos los jóvenes, especialmente las chicas, que viven aterrorizados ante esta función humana normal, por haber oído o leído relatos exagerados y dramáticos acerca de partos difíciles y dolorosos.

"Dice mi madre que tener un bebé es la peor experiencia que tuvo en la vida", comenta Isabel. Estas declaraciones pueden hacer que las Isabeles (y las hay en gran cantidad) se sientan culpables o malas por el dolor que causaron a sus madres, y temerosas de llegar ellas mismas a ser madres alguna vez.

Las madres que hayan tenido experiencias desagradables durante el alumbramiento de sus niños deben hacer saber a sus hijas que los partos complicados son la excepción, y no la regla. También los varones deben recibir esta información, para que no alienten temores exagerados en sus futuras relaciones con sus esposas, ni hagan una preocupación constante del daño que puedan causarles.

Cuando hablemos de sexo con los jóvenes, señalemos que los sentimientos sexuales probablemente sean intensos y poderosos. Deben aprender que la expresión sexual madura implica responsabilidad personal en torno de la integridad de la otra persona implicada. Deben saber que sólo en ese marco puede el sexo servirnos realmente como alimento. El sexo empleado circunstancialmente siempre hiere a alguien, porque casi invariablemente una de las dos partes se liga emocionalmente a la otra. Rara vez resultan constructivos los encuentros sin significado.

Si escuchamos las ideas y actitudes del jovencito antes de brindarle los hechos, lo ayudaremos a eliminar conceptos falsos, tomados de los demás o de su propia imaginación.

Señalemos las diferencias entre las necesidades sexuales masculinas y las femeninas. Ambos sexos deben comprender que el varón se excita mucho más rápidamente que la mujer, y que los sentimientos del primero no siempre se relacionan con el amor. Puesto que los impulsos sexuales de las niñas se vinculan más a menudo con el amor romántico, ellas son más proclives a interpretar los avances de ellos como signos de amor. Lo que acaso sea una manera de pasar la noche para Enrique, puede ser un compromiso profundo para Margarita. Más de un corazón femenino muy joven quedó destrozado porque su dueña no estaba por completo al tanto de esta diferencia *fundamental* entre los sexos.

Las niñas deben saber que los muchachos se estimulan visualmente; deben comprender que las ropas, las posturas y los gestos provocativos son desleales por completo cuando se encuentran con muchachos que tratan de manejar sus sentimientos con responsabilidad. Por otra parte, toda chica debe saber que la insinuación que pueda hacerles un muchacho no es un insulto para ellas, y que la negativa de ellas tampoco es un insulto para él.

"Bueno", dice Susana, "pero yo le dije una vez que no a Gregorio, y él nunca más insistió". Susana debiera considerar que si Gregorio sólo se le insinuó para hallar alivio sexual, lo más probable es que, de todos modos, no hubiera mantenido la relación una vez alcanzado lo que quería.

Las muchachas deben aprender que la mayoría de los muchachos no tienen interés en mantener relaciones duraderas con chicas promiscuas. Los compromisos serios y profundos se construyen sobre la confianza, y la promiscuidad destruye dicha confianza.. El muchacho seriamente enamorado no abandona a una chica por el mero hecho de que ella rehúse la intimidad sexual. Si ese sentimiento es realmente serio, seguirá acompañándola hasta que ambos puedan asumir la responsabilidad del matrimonio. Las normas de ella harán que sea más lo que él la respete como persona que posee el coraje que le dan sus convicciones. Son pocos los muchachos que quedan permanentemente interesados por la que les resultó tarea fácil.

En nuestra sociedad, se difunde cada vez más la convicción de que se puede obtener algo a cambio de nada. "Llévelo ahora, páguelo después" es una frase publicitaria que ha pasado a ser filosofía. Como padres, debemos contrarrestar semejante actitud, mediante la enseñanza y el ejemplo. Los jóvenes deben saber que el pago diferido cuesta, a menudo, mucho.

Todo chico deberá, en un momento u otro, adoptar una posición para el manejo de sus sentimientos sexuales. Recalquémosle que *él* tiene el poder de elegir a dónde quiere llegar y cómo ha de vivir su vida. La decisión última está en sus manos.

Los niños deben aprender a pensar *por adelantado* las consecuencias de sus acciones, para sí y para los demás. El pensar en la forma de superar las situaciones difíciles antes de que estas se presenten prepara a los jóvenes para no caer en ellas desprevenidos, ni tener que resolver en el calor de las emociones.

La forma en que uno mismo administre su vida —el que uno se conduzca con responsabilidad y viva de acuerdo con un código moral— afecta a sus hijos. Cuando sabemos claramente qué queremos, y *actuamos* de acuerdo con nuestras creencias, damos a los jóvenes modelos convincentes. Los adolescentes sienten interés particular por elaborarse un sistema de valores significativo, y necesitan el apoyo de adultos fuertes y comprometidos. Ellos descubren la hipocresía rápidamente. Todo adolescente necesita disponer de una filosofía positiva para manejar sensatamente su sexo. Los lazos afectivos fuertes con sus padres dan a los niños la seguridad necesaria para ser consecuentes con sus ideales.

Cómo presentar los hechos

Lo ideal es que los chicos aprendan los hechos de la reproducción de boca de padres que se sientan ellos mismos en posición cómoda respecto del sexo. El hecho es que, a los fines practicos, muchos padres tienen escrúpulo de conversar sobre el tema. Lo más importante, sin embargo, no es el que uno se sienta cómodo, sino el que pueda *abrirse* acerca de cómo *se* siente.

Los niños descubren fácilmente nuestras actitudes. "Mamá me dijo todo el discurso acerca de los hechos de la vida", relata Cora, de nueve años. "Habló de todos los detalles sin parpadear siquiera, pero, ¡cómo se veía que lo estaba pasando mal! Ciertas palabras la hacían enrojecer, y todo el tiempo actuó como si estuviera tragándose una píldora enorme."

Recordemos lo siguiente: la confianza es vital, de modo que pongamos francamente las cartas sobre la mesa. Digamos, por ejemplo: "Me gustaría responder a tus preguntas sobre el sexo sin sonrojarme, pero francamente no puedo. Cuando yo me crié, no se hablaba de este tema, y por eso me siento incómodo. Responderé a las preguntas que pueda, aunque vacile un poco, y te conseguiré libros para que encuentres más detalles. Espero que tú puedas estar más tranquilo cuando tengas que hablar del sexo con tus hijos."

La honestidad acerca de lo incómodos que podamos sentirnos —si ello ocurre— deja en claro que el *tema* es legítimo, y que nuestra falta de serenidad al tener que hablar del sexo se debe a la educación que nos dieron en nuestro momento. Este es un punto importante para llegar a la educación sexual positiva.

Tal vez logremos reducir nuestra incomodidad personal mediante la elaboración de un vocabulario de trabajo apropiado. La familiarización con los términos relativos a la reproducción facilita las conversaciones. Si ciertas palabras representan para uno una carga emocional, conviene repetirlas para uno mismo cien o más veces. Los resultados de este procedimiento son sorprendentes.

La lectura de cuatro o cinco libros de educación sexual que hayan sido escritos para la edad de nuestro hijo nos ha de familiarizar con la forma en que debemos presentar los hechos. Lo mejor será, incluso, leerlos en voz alta para uno mismo. Nuestros oídos *pueden* acostumbrarse a esas ideas y palabras "cargadas".

Presentemos los hechos *con precisión*. No podemos salir del paso con cuentos de hadas o con evasivas cuando el chico tiene cuatro años, y lanzarle de golpe el peso del fardo entero cuando

234

cumpla los trece. De esta manera, destruiremos su confianza; y, de todos modos, la curiosidad de él no va a esperar nuestra conveniencia. Se trata de decidir lo siguiente: ¿Quién preferimos que sea el maestro de nuestros hijos en la materia: nosotros mismos, u otro chico?

Para algunas personas, ninguna cantidad de lecturas o prácticas bastará para hacerlas sentirse siquiera medianamente cómodas en las conversaciones sobre el sexo. Si ello nos ocurre, diremos al niño lo siguiente: "Me gustaría conversar contigo sobre el tema, pero mi educación pasada me lo impide. Lo que puedes. hacer es hablar con..." Y remitir al niño a la entrevista que habremos convenido previamente con un médico, enfermera, consejero estudiantil, sacerdote o amigo de confianza.

Una palabra de advertencia: no supongamos que la profesión vaya a permitirle a cualquier persona hablar tranquilamente sobre el sexo. No hay profesión que garantice las actitudes tranquilas y positivas sobre el particular. Entrevistémonos nosotros mismos al individuo elegido, y asegurémonos de que dispone del "cociente de comodidad" necesario.

Hacia los tres o cuatro años, la mayoría de los niños comienzan a hacer averiguaciones acerca del origen dè los bebés. Si no lo hacen, saquemos el tema, no más tarde que a los cinco años del chico, en un momento oportuno y mediante el comentario de algún nacimiento ocurrido en el vecindario, en un cuento, en algún programa de televisión, o entre los perros, gatos, peces o cualquier otro animal doméstico. Podemos iniciar la conversación con la pregunta "¿Sabes cómo nacen los chicos?" Otro recurso consiste en incluir libros sobre el sexo escritos para preescolares entre los que habitualmente llevamos a casa para leer en voz alta. Concedamos tiempo suficiente para las preguntas y las discusiones. Hagamos una práctica del poner libros de educación sexual en manos de nuestros hijos, en las edades apropiadas y a lo largo de toda la infancia, aun cuando prefiramos realizar personalmente las primeras introducciones al tema.

El apoyo necesario

El niño que se desarrolla antes o después que el promedio se beneficia con el apoyo y la discusión abierta que reciba su desarrollo. Los aguijonazos de las observaciones de otros chicos resultan menos graves cuando tiene noción de las tremendas variaciones que presenta el ritmo de crecimiento. Los jovencitos de crecimiento lento son los que más necesitan este conocimiento, que acaba con la sensación de fracaso que da un cuerpo pequeño o lento para desarrollarse.

Sean cuales fueren sus conocimientos y habilidades, el niño alentará sentimientos acerca de su desarrollo toda vez que este difiera notoriamente del de sus iguales. *La atención activa y empática* abundante le ayudará a aceptar una situación que no se puede cambiar. Huyamos de los excesos de lógica o de charla, como quien huye de la peste. Por lo general, las discrepancias en el crecimiento ocurren en el preciso momento en que el chico necesita sentirse igual a los demás. El saber que uno *comprende* su situación es el mayor apoyo que pueda recibir en el mundo.

Los adolescentes necesitan que se les dé oportunidad de discutir sus diversos sentimientos —incluso sus actitudes y temores relativos al sexo— con otros adolescentes. Sin embargo, tales discusiones no serán abiertas (y por lo tanto serán menos productivas) si no están presentes los siete ingredientes del encuentro seguro. Los chicos de esa edad necesitan apoyo de grupo; compartir los sentimientos sexuales es más saludable que tener que preocuparse por ellos a solas. Por lo general, se sienten más libres para expresar sus verdaderos sentimientos cuando el líder adulto no es uno de sus padres y tiene práctica en el estímulo de la conversación franca y honesta.

Llegados a este punto, todos estamos en condiciones de apreciar la tremenda variedad de factores que afectan la forma en que el jovencito maneja su sexualidad. Cada uno de esos factores desempeña un gran papel en la educación sexual que reciba. Todos los aspectos de la vida del chico determinan el desarrollo, por parte del mismo, de un matrimonio responsable y comprometido de sexo y amor en sus actitudes y en su conducta.

19

CONCLUSION

Es de esperar que, a esta altura de nuestro libro, tengamos ya una nueva manera de apreciar la naturaleza del material humano y la importancia de la autoestima en la vida de todo niño. Pero puede ocurrir que la conciencia de todo ello nos llene de culpabilidad. Si es así, no lleguemos a conclusiones antes de terminar esta lectura.

Recordemos que los seres humanos son capaces de adaptarse y funcionar hasta en los ambientes psicológicos más desfavorables. El impulso hacia la salud prevalece hasta en quienes han recibido escaso alimento psicológico y se encuentran en edad bien avanzada.

Es muy probable que todo lo que hayamos hecho hasta hoy tenga el respaldo de nuestras intenciones sinceras en pro del bienestar de nuestros hijos. Todas las fallas de nuestra actuación como padres se deben a nuestra falta de educación adecuada, y al hecho de no haber recibido respaldo en nuestro momento. El culparse a uno mismo, o el culpar a su pareja, sus padres o las circunstancias en que le tocó vivir no hace sino impedir el propio progreso. En este sentido, podemos optar por dos caminos: el de ver en nuestras deficiencias como padres oportunidades para crecer, o el golpearnos con la maza de la culpa y el remordimiento. La autora de estas líneas tiene la esperanza de que todos nos aferremos al convencimiento de ser seres humanos que están todavía en proceso de desarrollo de sus recursos no explotados. Todos podemos comenzar hoy mismo a rectificar las deficiencias que tengamos; y si la tarea nos parece demasiado ardua, busquemos ayuda profesional.

El punto en que debemos comenzar a ampliar nuestra capacidad de criar a nuestros hijos es un punto llamado *nosotros mismos*. Todo paso que demos hacia la satisfacción de nuestras propias necesidades y de nuestra aceptación de nosotros mismos constituye una brillante inversión en pro de la fortuna de toda nuestra familia. Inmediatamente después de este capítulo de conclusión, nuestro libro incluye una lista de ideas básicas. Remitámonos a menudo a ella en busca de ese refuerzo que para tener presente lo esencial, necesita la memoria de todos nosotros.

Recordemos que *no es necesario que seamos perfectos*. Pero, como lo dijo Lincoln: "Busquemos lo que está mal, y seguramente lo hallaremos." Sin la menor duda, habremos cometido errores en la crianza de nuestros hijos. Pero, ¿quién conoce a un solo progenitor que no lo haya hecho? Quien crea conocerlo, seguramente no dispone de la información completa. Todo lo que podemos hacer es lo mejor que podamos cada día, pero ese "mejor" jamás será perfecto. Y los niños se desempeñan muy bien cuando sus padres son seres totalmente humanos, que fallan de vez en cuando, aquí o allá.

Observemos *el clima que rodea a nuestro hijo en este mismo momento*. Sea cual haya sido el pasado, trabajemos con el presente, con el punto en que nuestro hijo y nosotros nos hallamos en este momento. Si dudamos acerca de si nuestros puntos de vista, lo que decimos y lo que esperamos, deterioran el autorrespeto, pongámonos en el lugar del chico. De ese modo tendremos una idea de la calidad de los reflejos que enviamos en el desempeño de nuestro papel de espejos figurados. Y tengamos presente que ningún niño necesita espejos positivos en todo momento de su vida.

Todo niño es más apto para cumplir lo que parece prometer cuando vive un clima que lo reafirma y le permite crecer en su propio momento y a su propia manera. Nuestros hijos necesitan nuestra comprensión activa mientras transitan el accidentado camino que va de la dependencia a la independencia. Si se les brindan los elementos necesarios, no podrán menos que gustar de sí mismos.

Recordemos también que el niño saludable es auténtico consigo mismo; esto le da integridad personal. Hace lo que puede con lo que tiene, y eso le da paz interior. El chico enfermizo, en cambio, vive de acuerdo con normas prestadas. Disconforme consigo mismo, enmascara sus partes inaceptables y juzga a los demás y a sí mismo en consecuencia. Todos respondemos a diario a la pregunta: "¿Puedo permitir que mi hijo sea auténtico consigo mismo?" Un verso de la canción popular estadounidense "Yo tengo que ser yo" (*"I Gotta Be Me"*) dice: "No puedo estar bien para nadie, si no puedo estar bien para mí." Es esta una versión moderna de palabras de Shakespeare: "Esto ante todo: sé veraz para ti mismo, y a ello seguirá, como la noche al día, el que luego no puedas ser falso para nadie." (*This above all: to thine own self be true, and it must follow, as the night the day, thou canst not then be false to any man."*)

Aristóteles conocía una verdad que la psicología verifica hoy. Hace más de dos mil años, dijo:

**"La felicidad
es
estar satisfecho consigo mismo."**

Quien vive con su hijo de manera que hace que este se sienta profunda y tranquilamente contento de ser quien es, le da una herencia inapreciable: la fuerza para enfrentar las tensiones, y el valor necesario para llegar a ser una persona comprometida, responsable, productiva y creativa: una persona totalmente *humana*. De esta manera, nuestra inversión de amor nutricio, tiempo, energía y dinero darán frutos sin fin a lo largo de los tiempos. La ayuda que se da al niño para que este guste de sí mismo es lo máximo que se le pueda dar. Es la manera más profunda de deletrear la palabra A-M-O-R.

LISTA DE IDEAS BASICAS

He aquí las ideas fundamentales sobre las cuales se desarrolla nuestro libro. Se trata de una lista de probada efectividad para la revisión rápida de los efectos positivos de cada una de tales ideas. Su empleo a manera de guía cotidiana puede servir para aumentar nuestra eficiencia como padres.

Las bases de la salud mental

1. Lo que el niño siente respecto de sí mismo afecta su manera de vivir la vida.
2. La autoestima elevada se funda en la creencia, por parte del niño, de ser *digno de amor* y *valioso*.
3. El niño debe saber que importa por el mero hecho de existir.
4. El niño debe sentirse competente en el manejo de sí mismo y de su entorno. Necesita sentir que tiene algo que ofrecer a los demás.
5. La alta autoestima no es *engreimiento*; consiste en que el niño se sienta serenamente cómodo de ser quien es.

Los espejos crean nuestras propias imágenes

1. Todo niño posee los elementos necesarios para gustar de sí mismo.
2. El niño *aprende* a verse a sí mismo tal cual lo ven las personas importantes que lo rodean.
3. Construye su autoimagen de acuerdo con las palabras, el lenguaje corporal, las actitudes y los juicios de los demás.
4. Se juzga a sí mismo según como se vea en comparación con otros y cómo sean las reacciones de los demás hacia él.
5. La alta autoestima surge de experiencias positivas con la vida y el amor.

Los espejos influyen la conducta

1. La conducta del niño se ajusta a su autoimagen.
2. El niño puede tener confianza en sí mismo en un terreno y en otros, no; su forma de actuar nos da claves acerca de si siente que opera desde una posición fuerte (enunciados positivos acerca de sí mismo) o débil (enunciados negativos acerca de sí mismo).
3. Cuando el niño se considera inepto, *espera fracasar* y actúa en consecuencia. La seguridad personal, en cambio, le da el valor y la energía necesarios para salir al paso de cualquier tarea; le permite *esperar vencer*; y también actúa en consecuencia.
4. La creencia en sí mismo asegura al niño mejores resultados en sus relaciones con los demás. De este modo, es más probable que alcance la felicidad.

El precio de los espejos distorsionados

1. El niño busca autorrespetarse.
2. Cuando se siente inepto, puede someterse a una vida de autodestrucción y de retracción, o bien elevar diversas defensas que le permitan conservar la autoestima.
3. Las defensas neuróticas se erigen en torno de la creencia de ser indigno de amor y carente de valor.
4. Cuando las defensas alejan a los demás, el niño deja insatisfecha su necesidad de reflejos positivos.

5. Los reflejos positivos que damos al niño evitan que este tome por atajos que lo alejan de la plenitud de la vida.

La trampa de los reflejos negativos

1. Por lo común, la visión de sí mismo por parte del niño cambia constantemente.
2. Si el niño se convence de no ser bueno, se verá obligado —por la necesidad de conservar su coherencia interna— a evitar que le lleguen mensajes positivos acerca de sus aptitudes.
3. La baja autoestima rígida es el resultado de la acción de muchos factores negativos durante mucho tiempo.
4. Las actitudes negativas del niño hacia sí mismo, *se pueden transformar* en autoestima si se brinda al niño un clima de aceptación y experiencias de éxito.

Pulimento de los espejos representados por los padres

1. Todos vemos a nuestros hijos a través de los filtros de la inexperiencia, las normas ajenas, nuestros conflictos no resueltos, nuestras necesidades insatisfechas y nuestros valores culturales.
2. Los filtros se transforman en expectativas, de acuerdo con las cuales medimos a nuestros hijos y que influyen la forma en que los tratamos.
3. Cuando nuestras expectativas no se ajustan a nuestro hijo y a su etapa de crecimiento en particular, lo más probable es que nos sintamos decepcionados por eso.
4. Cuando el niño siente constantemente que no cumple con lo que esperamos de él, pierde el respeto por sí mismo.
5. Nuestras expectativas tienen más probabilidades de ser justas cuando se fundan en los hechos del desarrollo de los niños, la observación alerta y la sensibilidad respecto de las presiones sufridas por nuestro hijo en el pasado y en el presente.
6. Revisemos nuestras expectativas *a menudo*; ellas son muy proclives a quedar fuera de lugar.
7. Cuanto más satisfechos nos sintamos como personas,

tanto menores serán las presiones no realistas que ejerzamos sobre nuestros hijos.

8. Hacemos a nuestros hijos lo que nos hacemos a nosotros mismos. Por consiguiente, el aumento de nuestra autoaceptación nos permitirá aceptarlos mejor a ellos.

El verdadero encuentro

1. Todo niño necesita atención concentrada —verdaderos encuentros— para sentirse amado.
2. El afecto físico, la constante renuncia a nuestras propias necesidades, la sobreprotección, las altas expectativas, el tiempo que les dedicamos y los presentes que les hacemos no siempre bastan para transmitir nuestro amor a nuestros hijos.
3. Es probable que el chico vea el alejamiento constante de sus padres —preocupados por el pasado, el futuro, los horarios y las tareas— como falta de amor. El sólo puede *sentirse* digno de que lo quieran si nosotros nos tomamos el tiempo necesario para estar por completo *con su persona*.
4. Hagamos un hábito del mantenernos abiertos a la maravilla que son nuestros hijos aquí y ahora. Comprobemos *a menudo* la cuota de atención concentrada que les otorgamos.

La seguridad que brinda la confianza

1. La confianza es el ingrediente más importante del clima de seguridad psicológica.
2. El niño debe poder contar con nuestra ayuda amistosa para la satisfacción de sus necesidades.
3. Pára que él confíe en nosotros, nuestras palabras deben coincidir con nuestro lenguaje corporal.
4. El necesita que nos mantengamos abiertos *en la medida apropiada* en cuanto a nuestros sentimientos, reservas y ambivalencias.
5. El niño necesita que seamos humanos; seamos auténticos con él. Esto le ayudará a aceptar su propia humanidad, y le dará un modelo que ha de permitirle abarcar todas las

partes de su propio ser. De este modo, no se alienará de sí mismo ni de los demás.

La seguridad del no enjuiciamiento

1. El segundo ingrediente de la seguridad se hace presente cuando desaparecen los juicios.
2. Respondamos con "reacciones del yo" a su conducta; abandonemos por completo todo juicio acerca de la persona de nuestro hijo.
3. Cuando el chico pueda verse como persona independiente de sus actos estará en mejores condiciones para crearse un autorrespeto *sólido*.

La seguridad de sentirse apreciado

1. El tercer ingrediente de la seguridad psicológica consiste en apreciar lo exclusivo de nuestro hijo, aunque su conducta no nos resulte aceptable.
2. No demos por descontada la exclusividad de nuestro hijo; tratémoslo con el mismo respeto que deseamos para nosotros, concentrémonos en sus cualidades positivas, evitemos el confundir su persona con sus actos, y tratemos de valorarnos nosotros mismos. De este modo, la estima vendrá por sí sola.
3. Cuando el niño se siente estimado, se propone metas más realistas, acepta a los demás como son, aprende con mayor eficiencia, aplica su creatividad y gusta de sí mismo.

La seguridad de ser "dueños" de nuestros sentimientos

1. El cuarto ingrediente de la seguridad consiste en permitir que el niño sea "dueño" de sus sentimientos sin por ello retirarle nuestra aprobación.
2. Respetamos la separación que existe entre el niño y todo lo demás, cuando evitamos exigirle que adapte sus sentimientos y reacciones a los nuestros.
3. Ofrezcamos muchas experiencias a los niños, pero trate-

mos con respeto sus reacciones ante las mismas. Evitemos imponerles lecciones cuando *ellos* no disfruten de las mismas.

4. Planeemos activamente la diferenciación de nuestros hijos, tanto en cuanto a nuestras expectativas como en lo que hace a las actividades familiares.

5. El respeto por sus diferencias y su exclusividad nutre la autoestima del niño.

La seguridad de la empatía

1. La empatía consiste en comprender los puntos de vista del niño sin juicios, acuerdo ni desacuerdo. Estemos atentos al lenguaje corporal, ya que este es más preciso que el hablado.

2. Para ser verdadera, la empatía debe provenir de nuestros sentimientos.

3. Cuando el niño se muestra trastornado, fuera de sí, su anhelo secreto es el de obtener comprensión empática. La necesita antes de que se le puedan dar explicaciones, razones o respaldo.

4. Si consideramos que el papel del progenitor es el de nutrir, si respetamos la integridad de nuestro hijo, si estamos en contacto y en paz con nuestros propios sentimientos, la empatía se producirá fácilmente.

5. La empatía barre con la alienación; es una poderosa prueba de amor. Y construye activamente el amor de los niños por uno.

La seguridad de tener crecimiento exclusivo

1. El quinto ingrediente de la seguridad psicológica es la libertad para crecer de manera única.

2. El crecimiento se opera por saltos, entre los cuales median regresiones y estancamientos.

3. El ritmo de crecimiento forma parte integrante del niño.

4. Cuando el niño siente la seguridad de poder retroceder, está en libertad para crecer.

5. Los siete ingredientes del encuentro seguro se combinan para formar el clima del amor. Ellos aseguran que nuestro

hijo *sentirá* nuestro interés por él; de este modo, se pone en condiciones de desarrollar sincero autorrespeto, y de desplegarse en todas direcciones.

Cómo tratar los sentimientos del niño

1. La mayoría de nosotros no trata los sentimientos de los hiños de la forma en que quisiera que los demás tratasen los nuestros.
2. Todo niño alienta toda clase de sentimientos, con los cuales la tradición nos ha enseñado a no entrar en contacto directamente.
3. Cuando tratamos los sentimientos negativos mediante la razón, el juicio, la negación, el consejo, el respaldo o la desviación, apartamos al niño de nosotros. Semejante actitud lo fuerza a disminuir su autoconcepto y a reprimir o disfrazar sus verdaderas emociones.
4. Los sentimientos reprimidos no sólo no desaparecen, sino que conspiran contra la salud física, emocional e intelectual.
5. El poder de los sentimientos negativos se diluye cuando las emociones se aceptan con comprensión y se canalizan por salidas aceptables.
6. Nuestro hijo necesita que seamos oyentes *activos*, y nó *pasivos*.
7. Para liberarnos de actos negativos, deshagámonos primero de los sentimientos negativos, que son la *causa* de aquellos.
8. Los actos pueden necesitar limitación; pero la expresión de los sentimientos sólo debe limitarse en cuanto a con quién, cuándo y dónde se efectúe.

Cómo descifrar el código de la ira

1. La ira, sentimiento normal, enmascara un sentimiento anterior.
2. Cuando aceptamos la ira del niño mediante la atención *activa*, él nos conduce casi siempre hacia la emoción *subyacente*. Canalicemos sus sentimientos por salidas seguras.

3. Se puede reducir el número de los momentos de ira, pero no eliminarlos por completo. Cuando el niño cae a menudo en estados de ira, se debe comprobar si sus necesidades físicas y emocionales se encuentran satisfechas, si no enfrenta demasiadas frustraciones, y si realiza suficiente ejercicio físico. También es necesario comprobar nuestras expectativas, el tipo de disciplina que aplicamos, el que no haya exceso de competencia o de comparaciones para él, y las tensiones familiares. Por último, asegurémonos de que le brindamos abundancia de encuentros seguros.

4. La ventilación de nuestras propias hostilidades nos ayudará a trabajar con las de nuestros hijos.

5. Enviemos nuestros *primeros* sentimientos como "reacciones del yo".

6. La mayoría de las pataletas son signo de pérdida de control y de frustración extrema, y no muestras de "comportamiento de mocosos".

7. Los signos indirectos de la ira son las bromas continuas, la chismografía, el sarcasmo, la actuación de la agresión, el ataque a los valores adultos, los accidentes frecuentes, los temores irreales, la conducta modelo, la depresión y los síntomas psicosomáticos.

8. La aceptación por nuestra parte de la ira del niño evita que este use salidas indirectas o se reprima. Y le permite aceptar su propia humanidad total.

Cómo desenmascarar los celos

1. Los celos en familia son un sentimiento normal, ya que todo niño anhela ser el favorito.

2. Los celos enmascaran los sentimientos reales o imaginarios del niño en el sentido de *hallarse en desventaja*

3. Las presiones internas y externas pueden deteriorar la sensación de aptitud del niño; eso lo hace proclive a los celos.

4. El niño encuentra en la alta autoestima una seguridad interna que lo protege contra los celos frecuentes e intensos.

5. Los celos aumentan cuando se hacen presentes el favoritismo, las comparaciones y la falta de respeto por la indi-

vidualidad. Evitemos el usar a un niño para cubrir nuestras propias necesidades insatisfechas. La atmósfera familiar tranquila, fundada en la cooperación y en la disciplina democrática, reduce la frecuencia de los accesos de celos.

6. Signos indirectos de los celos son los aumentos súbitos en la dependencia, la regresión, la demanda de cosas materiales y la mala conducta.

7. Cuando los celos se presenten, ayudemos —mediante la atención concentrada— a que el niño los exprese. Su sentimiento es real para él independientemente de lo reales o imaginarios que puedan ser los hechos que lo provocan.

8. Ayudemos al niño a sentirse comprendido, incluido e importante; así, no se sentirá defraudado.

Motivación, inteligencia y creatividad

1. Todo niño nace curioso, y con tendencia a confiar en sí mismo.

2. Si queremos estimularlo intelectualmente y asegurarnos de que empleará la creatividad, debemos apoyar sus exploraciones, su curiosidad y sus movimientos hacia la autoconfianza. Debe sentirse seguro para hacerse preguntas y descubrir hechos.

3. Estimulamos la inteligencia del niño cuando le brindamos ricas experiencias de primera mano, contacto con un lenguaje amplio, experiencias exitosas de solución de problemas, y ejemplo y actitudes familiares de valoración del aprendizaje y la independencia.

4. El crecimiento intelectual del niño se ve afectado por: los impedimentos físicos, la insatisfacción emocional, los sentimientos reprimidos, la presión indebida tendiente al logro de metas no realistas, la disciplina no democrática, el corte de las líneas de comunicación, las aulas abarrotadas, los maestros inadecuados y las técnicas de enseñanza deficientes.

5. El clima del encuentro seguro motiva al niño para aprender y capitalizar su exclusividad innata. Existe relación directa entre la autoestima elevada y la creatividad sin trabas.

1. La educación sexual implica más que enseñar los hechos de la reproducción. Significa sumar a lo anterior el fomento de actitudes saludables hacia el cuerpo, los sentimientos, el rol sexual y el yo.
2. Las actitudes que el niño tenga hacia su cuerpo se verán afectadas por la forma en que lo acariciemos, lo alimentemos, lo vistamos, lo bañemos y le enseñemos a usar las instalaciones sanitarias. Dependerán también de sus progresos en las tareas de desarrollo, de la forma en que tratemos sus sentimientos negativos, de la clase de modelos que le ofrezcamos, del tipo de disciplina que empleemos con él, y también de las influencias que reciba fuera del hogar.
3. Nuestras actitudes respecto del sexo son contagiosas. Seamos sinceros acerca de cualquier escrúpulo que podamos alentar. Hagamos que la responsabilidad por tales escrúpulos recaiga donde corresponde: sobre nuestra enseñanza pasada, y no sobre el tema del sexo.
4. Presentemos los hechos del sexo *cuando* el niño nos interrogue. Si no lo hace, iniciemos nosotros la conversación. Demos información introductoria a más tardar a los cinco años. Pongamos en sus manos libros de educación sexual apropiados para las sucesivas etapas de crecimiento que él atraviese.
5. El ajuste sexual con su pareja es más probable cuando el joven es emocionalmente maduro.
6. La autoestima afecta directamente la conducta sexual. El autorrespeto fuerte permitirá a nuestro hijo establecer un matrimonio enriquecedor, responsable y comprometido, con una persona de autoestima similar a la de él. Una pareja así es la que más probabilidades tiene de hacer que crezca la confianza en sí mismos de sus propios hijos.

¿Cómo transmitimos el amor a nuestros niños? Si ellos viven en medio de expectativas realistas, encuentros seguros, aceptación comprensiva de todos sus sentimientos aunque se limiten sus actos, y disciplina democrática, se *sentirán* amados. *Y ese sentimiento es la base de la alta autoestima.* Con este sólido núcleo, sus potenciales se desplegarán, y ellos serán personas

motivadas y creativas, que han de encontrarle fines a la vida. Se relacionarán exitosamente con los demás, gozarán de paz interna, resistirán las tensiones y tendrán mayores probabilidades de realizar un matrimonio feliz. Y cuando les llegue el turno, serán padres que han de nutrir a sus hijos.

Es de esperar, como cierre de nuestro libro, que este haya servido para convencernos de la importancia de aprender todo lo posible acerca del trabajo más importante del mundo: el de ser padres.

Editorial Gedisa ofrece
los siguientes títulos sobre

EMBARAZO, BEBÉS,
NIÑOS Y ADOLESCENTES

Dorothy C. Briggs	**El niño feliz**
Anita Stevens y Lucy Freeman	**Hijos en conflicto**
Don Gold	**Cartas a mi hija adolescente**
A. S. Neill	**Hijos en libertad**
Mark Lovell	**El desarrollo de su hijo**
Ronald y Barbara Gots	**El libro de consulta de la mujer embarazada**
Monique y Gérard Bonnet	**El cuidado del bebé**
Monique y Gérard Bonnet	**La comunicación con el bebé**
Monique y Gérard Bonnet	**Paternidad moderna**
Ira. J. Gordon	**El primer año de vida**
Bill Adler	**Qué opinan nuestros hijos de la educación sexual**

NORTH LEAMINGTON SCHOOL LIBRARY